大切な人とうまくいく「アサーション」

平木典子
野末武義

三笠書房

なぜ、「大切な人」なのに、

わかり合えずに

すれ違ってしまうのでしょうか。

なぜ、長い時間をともに過ごしても、
ふとした瞬間に、
「わかり合えていない」気がするのでしょうか。

根っこにあるのは、
「愛し合っていれば完全にわかり合える」
「すべてを受け止めてくれるのが愛」
という思い込み。

この思い込みから解放されることが
「親密な関係」を続けていくための
第一歩です。

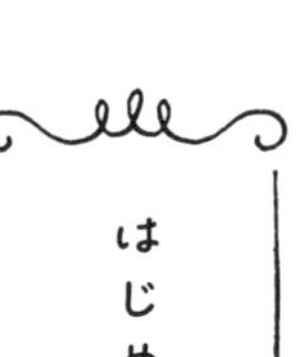

はじめに　二人が今より「わかり合える」ために

「わかり合う」ことを強く求めるのは、人との関係性を大切にする人で、一般的に男性より女性に多いとされています。「愛し合っているのだから、わかり合えるはず」という思いが強く、なんとなく「相手のことをわかった」気になりがちです。

一方、「人間は一人ひとり違うんだから、わからなくて当然」と思っている人もいて、こちらは男性に多い傾向があります。

実はこれ、どちらも「わかる」ということを誤解しているのです。

「わかり合う」というと、私たちはどこかで「相手との違いがなくなること」ととらえがちです。すなわち、「意見がぴったり合う」「相手の考えていることが手にとるようにわかって、心が通じる」という状態を想像してしまうのです。

ですが、それは本来の「わかる」という意味とは違います。

たとえば、成長過程にいる女子中学生同士の関係を思い浮かべてみてください。

思春期の頃は、同じことを考え、同じものが好きで、同じことに感激できる友人関係は大切です。それは成長のプロセスにあるからであり、仲間がいることに安心して、自分の存在を肯定し、次のステージへ進むことができるからです。

反対にいえば、こういった「何もかもがぴったり同じ」という関係は、この時期で卒業です。


以前、雅楽奏者の東儀秀樹さんが、「ボーダーレス（違いがない）という言葉よりも、アウトオブボーダー（違いを超える）という言葉が好き」ということを言っていて、感銘を受けました。この考え方がまさに、本書のテーマである**「アサーション」**に通じるのではないか、と感じたからです。

アサーション（assertion）とは、心理療法や人権回復運動の中から生まれた言葉で**「自分も相手も大切にする自己表現」のこと。**もともとは「自己主張」の意味を持つ言葉ですが、単に自分の気持ちや考えを相手に押し付けるということではありません。**相手の事情や立場に理解を示し尊重しながら、こちらの気持ちや考えもしっかり伝えるという、建設的なコミュニケーション方法**です。

その意味では、まさに互いの「違いをなくす」のではなく、「違いを乗り越える」という考え方が大切になるわけです。

コミュニケーションがうまくいかなかったり、意見が対立したりしたとき、「なんだ、結局わかり合うことなんてできないんだ」とあきらめてしまうと、人間関係はそこで終わってしまいますから、本書ではアサーションの考え方に立って、**「わからないならば、わからないなりに、どのように関係を築いていけばいいのか」**を、考えていきたいと思います。

「いつでも、なんでも」わかろうとしたり、わかってもらおうとしたりしないこと。

毎日「愛している」と言うよりも（それも素敵ではありますが）、「あれ？　この人は、今何を考えているんだろう」と疑問に思ったそのときに、いつもより注意深くなることが大切です。

これから詳しくお話ししていきますが、アサーションにおいては、相手の話を**「聞く」ことに加えて、「聴く」こと**も大切です。

「聞く」とは、意志がなくても自然に耳に入ってくるものが聞こえること。もしくは自分の知りたいことを尋ね、聞こうとすること。

一方、**「聴く」とは、相手を理解したい、理解しようという意志を持って、相手の言葉に心を込めて耳を傾けること**です。

たとえ相手が自分と違う気持ちや意見を言ったり、反論してきたりしたとしても、それをきちんと「聴く」。しかも、単に同意したり、聞き入れたりするだけでなく、「理解する」。

それを実践することにこそ、「大切な二人」が一緒に過ごす意義があるのです。

平木典子
野末武義

CONTENTS

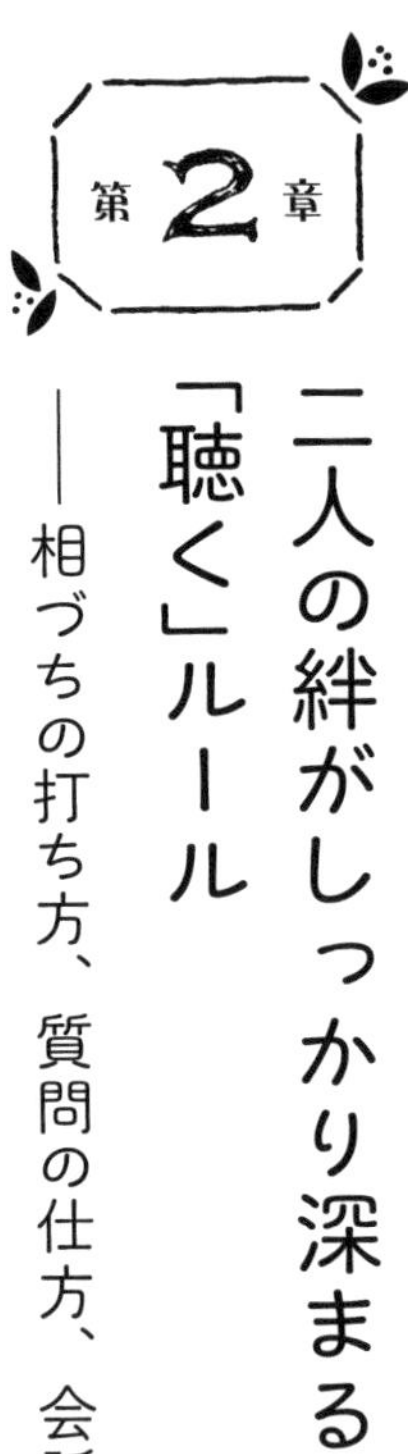

第2章

二人の絆がしっかり深まる「聴く」ルール

――相づちの打ち方、質問の仕方、会話の弾ませ方

ちょっとしたトラブルを賢く解決する方法

――こんな「悩み」には、どう対処すればいい？

今、「結婚を考え始めた」あなたへ

――相手のどこを見て何を考えておくべきか

第5章

大切な人と、ずっと愛情を深めていくために

——10年後、20年後にもっと幸せでいられる法則

本文イラスト　killdisco

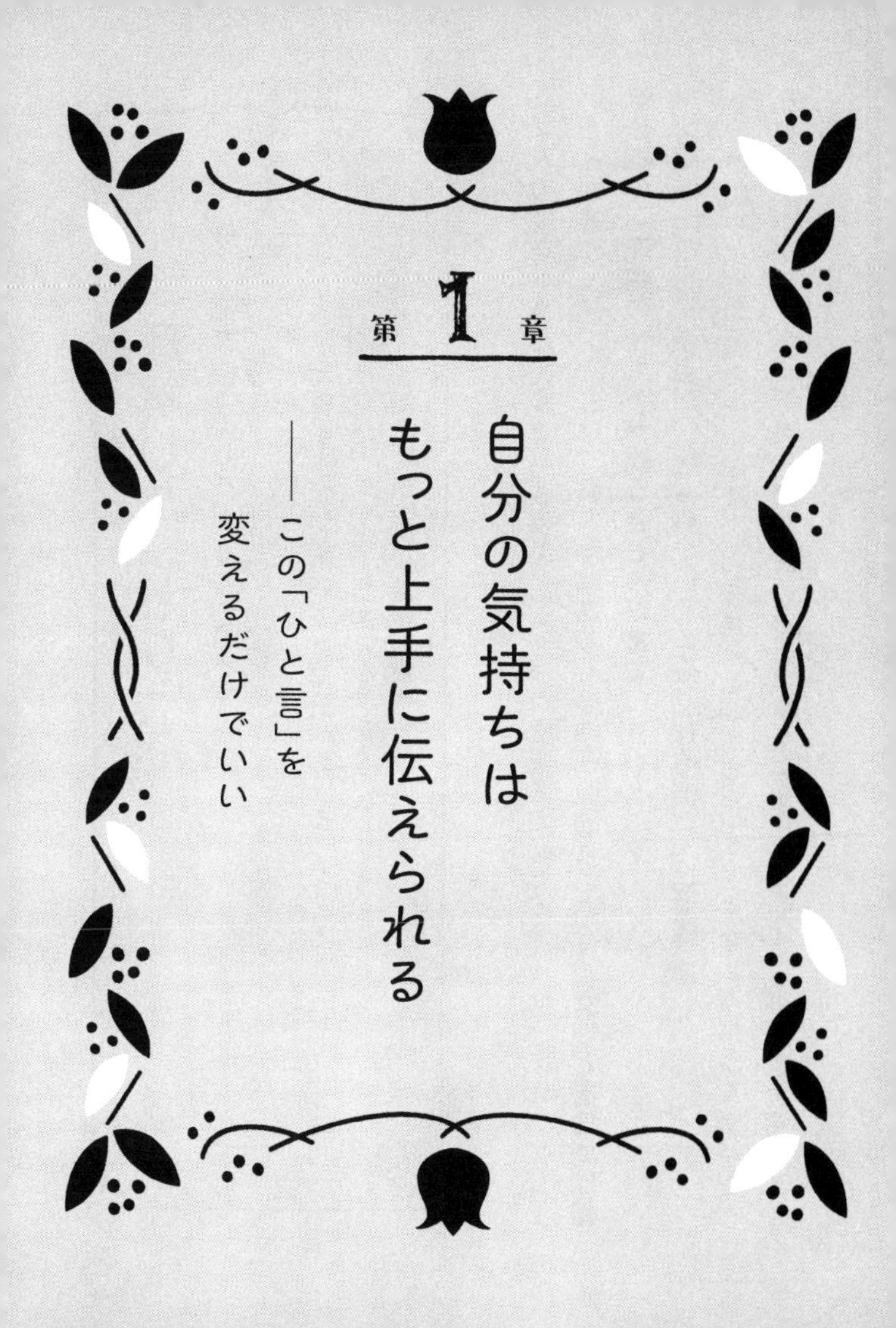

第1章

自分の気持ちはもっと上手に伝えられる

——この「ひと言」を変えるだけでいい

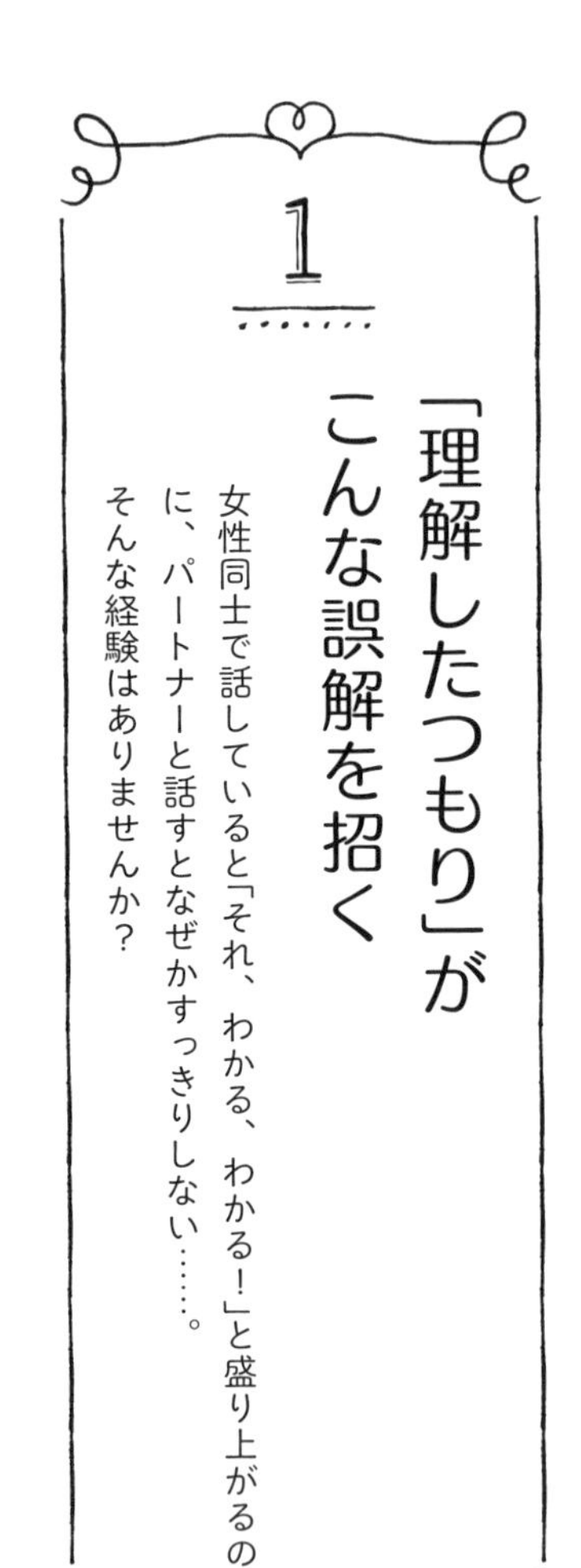

1 「理解したつもり」がこんな誤解を招く

女性同士で話していると「それ、わかる、わかる！」と盛り上がるのに、パートナーと話すとなぜかすっきりしない……。そんな経験はありませんか？

二人の仲をもっと深めるコミュニケーションをとるために、まず知っておいてほしいことがあります。それは、個人差はあるものの一般的にいって、**女性と男性では相手の話の「理解の仕方」が違うところがある**、ということ。

女性は比較的、筋道が整理されていない会話にも慣れています。

そのため女性同士では「こんな大変なことがあった」「こんなふうにつらかった」などと誰かが話すと、それに対して同じようなことを体験したときの記憶を同調させ、なんとなくわかった気になれるのです。
それを「理解」あるいは「共感」ととらえていることも多いでしょう。
女性同士の会話を聞いていると、こんなことがよくあります。

女性A「この間ね、会社の先輩にすっごい怒られたんだ」
女性B「え〜っ、いきなり怒られたの？　なんて言われたの？」
女性A「仕事が遅い！　って。でもまだこの部署にきて3日目なんだよ。そんなのすぐに覚えろって言われたって無理だよね」
女性B「それむかつくね！　私もどうでもいいことで怒られたことあるよ。すごく腹立つよね！」
女性A「そうだよね！　すごい腹が立ってさー」
女性B「そういう人って本当にイヤだよね！」
女性A「本当にそう！　もうすごくイヤなヤツなの！」

この会話では、なんの問題の解決にもつながっていませんよね。

ですが、「先輩の怒り方が理不尽で腹が立った」「その人がイヤな人だ」ということを女性Bが「わかって」くれて、二人の間で「理解」が生まれ、女性Aは気持ちが落ち着いたようです。

これは厳密にいえば、互いの話をきちんと「聴いて」いるわけではないのですが、結果的には気持ちが通じたような気がするのでOK、となっている例。

でも、一般的に男女の間の会話では、なかなかこうはいきません。

女性「この間ね、会社の先輩にすっごい怒られたんだ」
男性「どうして？」
女性「仕事が遅い！　って。でもまだこの部署にきて3日目なんだよ。そんなのすぐに覚えろって言われたって無理だよね」
男性「でも、何か仕事のやり方が悪かったんじゃないの？　その人は何を根拠にそう言ってるの？」
女性「そこまで知らないけど……」
男性「そしたら、また同じ理由で怒られるかもしれないよ。ちゃんと聞いてみたほうがいいよ」

女性「なんか、先輩よりも私が悪いみたいじゃん。私は気持ちをわかってほしいだけ。アドバイスはいらないの（怒）！」

この会話で、男性はよかれと思って具体的な理由と解決方法を探ろうとしているのに、女性のほうは期待したのとは異なる反応が返ってきたので、「話したのにわかってもらえなかった」という不満につながる可能性があります。

男性には、「なんとなく、わかり合う」「不満や愚痴を言ってすっきりする」という習慣があまりなく、女性とは会話のチャンネルが違う、ということを理解しておく必要があります。

一方で、男性が女性に対して話をする際、とくに抜けがちになるのは「自分の気持ち」について話すこと。**男性は自分が「考えたこと」や「観察」したことについては話しますが、あまり自分の気持ちを表現することが得意ではない人が多い**もの。

たとえば、次の2つの会話はかなり違った印象を受けるのではないでしょうか。

男性A「なんだか顔色が悪いよ。風邪でも引いた？」
女性「うん……ちょっと、だるいかな」
男性A「今日は早く休んだほうがいいよ。いつも夜更かしして睡眠不足なんじゃない？」
女性「うん、そうね」
男性A「それに栄養も偏ってるんじゃないの？　ビタミンも足りてなかったりして」
女性「……わかったってば！　今日は早く寝るから！」

男性は見たままを伝え、よかれと思っていろいろ言っているのですが、女性のほうは少しうっとうしくなってしまったようです。

では、こちらの会話はどうでしょう？

男性B「なんだか顔色が悪いよ。風邪でも引いた？」
女性「うん……ちょっと、だるいかな」
男性B「大丈夫？　最近忙しかったもんね。疲れがたまってるんじゃない？　今日は早く休んだほうがいいよ」

女性「うん……ありがとう」

男性B「長引いちゃうと心配だからさ、温かくしてゆっくり休んだほうがいいよ」

女性「うん、ありがとう。今日は早く寝て、明日はよくなるよ！」

男性が気持ちを素直に伝えてくれたことで、女性もうれしかったようです。

2つの会話、男性の伝えたいことはどちらも「あなたが心配だ」ということ。

男性は少し恥ずかしくても、**たまにはこんなふうに自分の「気持ち」をつけ加えて話をしてみる**といいかもしれません。

このように、**相手の様子を「観察」する、相手の状態を「想像」する、気持ちを「伝える」、話を「聴く」**。

この4つをすることで、私たちのコミュニケーションは成り立っています。

反対にいえば、どれかひとつでも欠けたり、うまくできていないと、「わかってもらえない」「何を考えているかわからない」というすれ違いにつながるわけです。

このコミュニケーションのルールについて、次の項でより詳しく説明していきましょう。

なお、本書に出てくる会話や行動の例は、わかりやすくするために男性と女性の特徴を強調して書いてあります。実際には、例とは逆に振る舞っている男女もいるでしょう。**男女の違いや特徴はあるのですが、同時に一人ひとりの問題として理解することも大切**だと思って、読み進んでください。

また、カップルが抱える葛藤や問題について理解を深めるために、カウンセリングの事例がいくつか登場しますが、それらはプライバシーを守るために、葛藤や問題の本質は変えることなく、いくつかの事例を合わせた架空のものです。

〝わかったつもり〟〝よかれと思って……〟がすれ違いの原因になることも

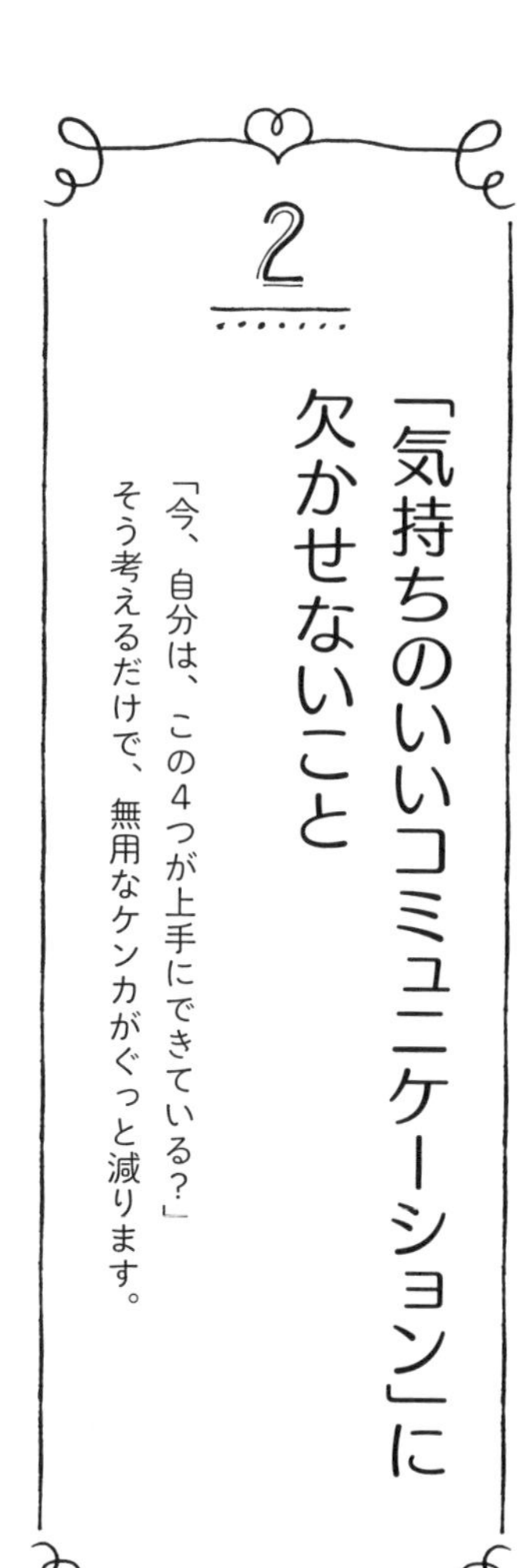

2

「気持ちのいいコミュニケーション」に欠かせないこと

「今、自分は、この４つが上手にできている？」

そう考えるだけで、無用なケンカがぐっと減ります。


二人が一緒に過ごしていることが自然で、心地よくて、無理がない。

そんなカップルになるためには、やはりある種の〝努力〟や〝コツ〟が必要です。

それが**「観察」「想像」「聴く」「伝える」**です。

これができていれば、二人はときにはケンカをしたり、相手に腹を立てたりしながらも、円満に暮らしていけるでしょう。

これは、パートナーとの関係だけに限らず、すべての人間関係にいえることです。この4つがうまく日常生活に取り入れられている人は、おそらく多くの場面でスムーズに物事を運ぶことができます。カップルの間でもきちんと互いの意見を言い合う関係が築けるのではないでしょうか。

①相手を「観察」する

一番身近にいる相手なのに、パートナーのことがわからない。

それは逆に、**「近いからこそ見えていない」「近い相手こそ見えづらい」**ということでもあります。

ある精神科医の本に、こんなエピソードがありました。

若い医師が初めて患者と面接を行なったあと、「患者さんとがっぷり四つに組んで面接してきました」と先輩であるベテラン医師に報告しました。

するとベテラン医師はこう言ったといいます。

「そんなことをしたら、相手のことが見えないじゃないか！」

そう、がっぷり四つに組んでいたら、相手は見えません。

これはパートナーとの関係でもまったく同じです。

毎日一緒に暮らしていると、その存在や言動が当たり前になってしまい、一番知っているると思っている相手を、実は〝きちんと見ていない〟ということが起こり得るのです。

「一緒にいる間は、相手のことしか見ていません」

と思う人こそ、ぜひ「観察」を心がけてみてください。


大切なのは、「何を見ればいいのか」ですが、実はとても簡単なこと。

仕事から帰ってきた相手を見て、「とても疲れているみたい」「表情がいつもより暗いかもしれない」などとそのときの様子を観察します。

毎日顔を合わせていても、相手のことをよく見ていなければ、そんな小さな変化は目に入ってこないものです。

パートナーが仕事上で悩みを抱えていたことに半年の間気づかず、「仕事を辞めたい」と言われて初めて知った、という女性は「どうして気づいてあげられなかったのか……」と悔やんでいました。

ですが、おそらく小さなSOSのシグナルは出ていたのでは……。

いつもと違うささいな変化に気づき、「今日、元気ないのでは？」「何かあったの？」などと、問いかけると、相手は悩んでいることを言う気になるかもしれません。

たったこれだけのことですが、それによって「お互いのことを気にかけている」という安心感と思いやりを二人の間に育むことができます。

②見えない部分を「想像」する

ただし、相手のことをよく観察したとしても、**「自分が見ている姿」だけが相手のすべてではない**のも事実です。

たとえば、自分と一緒にいない時間に相手がどのように過ごしているのか、知ることはなかなかできないでしょう。

たとえ一緒に暮らしていたとしても、平日ならお互いを知らない時間が一日8〜10

時間もあり、その一方で、一緒に過ごす時間はわずか1～3時間ほどしかない、という場合もありえるでしょう。

その圧倒的に少ない時間に見る相手の姿がすべてだと思ってしまうと、**「近い存在なのに見えていない部分が山ほどある」**ということになります。

実際に目にするのは、休日にどこかへ出かけたり、会話を楽しむ元気もないほど、疲れきった互いの姿。これでは徐々に会話が減り、相手に対して不満がたまって関係がギクシャクしてしまうかもしれません。

せっかく二人でいるのに男性がピリピリしていたり、不機嫌そうな様子を見せたりすると、女性のほうも「私だって仕事で疲れているのに」「こっちだって家事と育児で大変なのに」と思ってしまいますよね。

ですが、そんな日は相手も会社でうまくいかないことがあってストレスを感じているのかもしれません。

あるいは、重要な仕事の前で、心配事を抱え、ほかのことにまったく目がいかなくなっていることもあるでしょう。

そんなふうに、**見えていない相手の状態を想像する習慣をつけると、**

「今日は向こうの調子が悪そうだから、そっとしておいてあげようか」

「いつもより口数が少ないけど、疲れているのかな。あとでおいしいものでも食べに連れ出してみようか」

と、**相手の態度につられず、自分の気持ちを落ち着けて行動することができ、**それによって相手の態度も徐々に変わるかもしれません。

③相手の話を「聴く」

第3のポイントは、相手の話を「聞く」だけでなく「聴く」ことです。

「聴く」は、理解しようという意志を持って、身を入れて耳をそばだてるということ。


しかし、話を聞いているうちに自分の意見を言いたくなったり、ほかのことに目がいってしまったりと、相手に関心を持って「聴く」ことができていない人は案外多いものです。

「アドバイスする」というのも、相手の話をきちんと「聴いて」いないと、すれ違いやケンカの原因になることも。

相手はただ、「つらい気持ちを吐き出したい」だけかもしれないからです。

自分の話を相手に関心を持ってきちんと「聴いてもらえた」と感じると、満足度は大幅に増し、それだけで相手への信頼や感謝の気持ちが湧いてきます。

④思いを言葉にして「伝える」

「見えない部分」という溝を埋めるためには、**「相手が見えていないときの自分の行動や気持ちを説明する」**こともやはり大切です。

恋愛中でもっとも二人の関係がうまくいっているときは、時間を忘れるほど夢中になっておしゃべりを楽しみます。

「こんなにわかり合えて幸せ！」という幸せな期間がしばらくは続きますが、ある日ささいなケンカをきっかけにしてふと、

「この人は何を考えているの？」

「なんでこんなこともわかってくれないの？」

と、現実に引き戻されます。

こういうときは、二人でたくさん会話をしていたにもかかわらず、実は「本当に話すべきこと」を話していなかった可能性があります。


「本当に話すべきこと」とは、楽しかったこと・面白かったことといった出来事だけでなく、**「どんなことに楽しさや悲しさを感じるのか」「どのように物事を考え、どのような選択をしているか」ということ**です。

この「思考のプロセス」を理解することは、相手を理解することにつながります。


たとえば、デートの約束をしているカップルの場合。

彼が仕事のあとで取引先の人から「一杯飲んでいきませんか」と誘われたとします。

そのとき誘われるままにデートをキャンセルする日もあれば、誘いを断って彼女のもとに駆けつける日もあるでしょう。しかし、また別の日は、今週は、お互い忙しく

「アサーション」の4つのポイント

観察

相手はどんな様子？

想像

相手の事情は？

理解しようと
耳を傾ける

聴く

事情の説明と
自分の気持ち

伝える

て顔を合わせて話す時間が全然なかったから、今日は早めに帰ろう、と考えて、飲みに行かずに断る日もあるかもしれません。

ですが、わざわざ「今日は飲みに誘われたけど、君と一緒にいるために断ってきたよ」とは、言わないことが多いのではないでしょうか。

こういう場合にも、「こう考えたから、こうした」ということをきちんと伝えておくと、あなたの「考え方」「選択の傾向」を相手も知ることができます。「ああ、この人は、今日は私のことを考えて、約束通りきてくれたんだな」とわかるからです。

この4つのポイントは、そのままアサーションを実践する上でのポイントです。

「①観察」「②想像」「③聴く」「④伝える」を意識しているうちに、本当に忙しくて一緒にいられないとき、時間的なすれ違いが続いたときでも、相手を責めたり不安になったりせずに、冷静さを保っていられるようになります。

「観察」「想像」「聴く」「伝える」——得意なこと、苦手なことはどれですか？

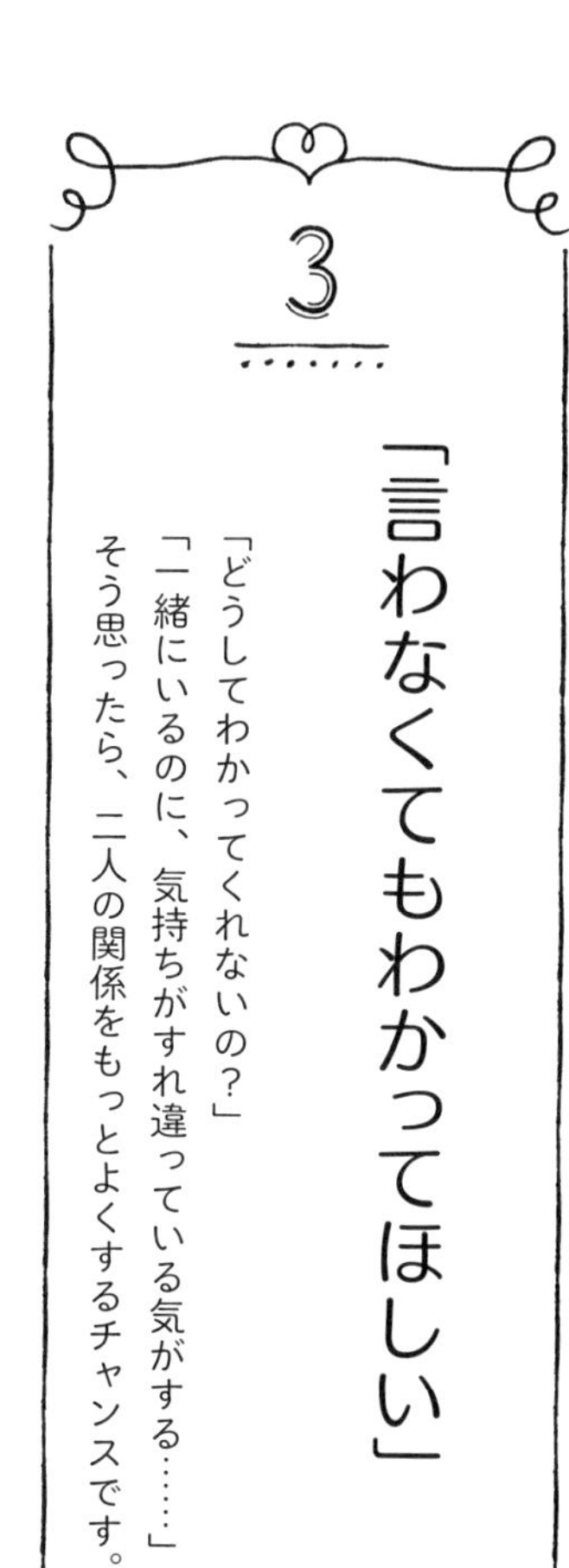

3

「言わなくてもわかってほしい」

「どうしてわかってくれないの?」
「一緒にいるのに、気持ちがすれ違っている気がする……」
そう思ったら、二人の関係をもっとよくするチャンスです。

男性にも女性にも、「言わなくてもわかってほしい」という気持ちがあるようです。気遣いや配慮で成り立ってきたすばらしい日本の文化が背景にあるからですが、やはり言葉にして自分の気持ちや考えを表現すること、そのために時間をとることも大切なことです。

「どうしてわかってくれないの?」「言わなくてもわかるだろう?」

という言葉は、トラブルを抱えているカップルの間ではよく聞かれます。また洋の東西も問わないようで、アメリカには『どうして私の心が読めないの？』というタイトルのカップル向けの本もあるほどです。

ですが、うまくいっている二人の間では、この言葉はほとんど出てきません。

そういうカップルは、

「愛し合っていても、言葉にして伝えないとわからないことはたくさんある」

「相手が自分のことを１００％はわからないように、自分も相手のことを１００％わかっているわけではない」

という現実的な認識があるからです。

特別に会話の時間が多い、ということもありません。**短い時間の中でも、コミュニケーションの「質」を高める方法を知っているから**です。

言い換えると、きちんと「理解」を含んだコミュニケーションがとれているのです。

そのためにはどうすればいいかというと、「相手に関心を持って理解しようとしている」ことと、「自分の気持ちや考えを理解して受け止めてほしい」という意志を伝えること。

そして、**「なんでわかってくれないの！」と言って相手を責めるよりも、「自分の気持ちや考えを言葉にすること」にエネルギーを使うこと**です。

そう言われると、自分の気持ちをなんとか〝上手に〟伝えなくては、と思い、とたんに言葉が出てこなくなる人もいるでしょう。

言葉たくみに、わかりやすく、言いたいことは短くまとめて……などと思う必要はありません。

パートナーと本当に密度の濃い会話を交わすためには、そういった〝会話のテクニック〟は、さほど重要ではないのです。

「相手のことをわかろうとしている」「相手にわかってもらいたいと思っている」ということが伝われば、多くの場合、言葉が足りなくても相手の心は満たされます。

それこそが、〝質の高いコミュニケーション〟がとれていることになるのです。

そういった練習を日々積み重ねているうちに、

「こういう言い方をすると、相手に伝わりやすい」

「話を聴くのは、お風呂から上がってくつろいでいるときにすると、相手はリラックスして言いたいことが言えるようだ」

などと発見したり、学習したりします。

そんなコミュニケーションを、日頃から心がけていれば、二人の関係はそれまで以上により親密なものになっていくでしょう。

愛し合っている二人であっても、
言わなければ伝わらないことがたくさんある

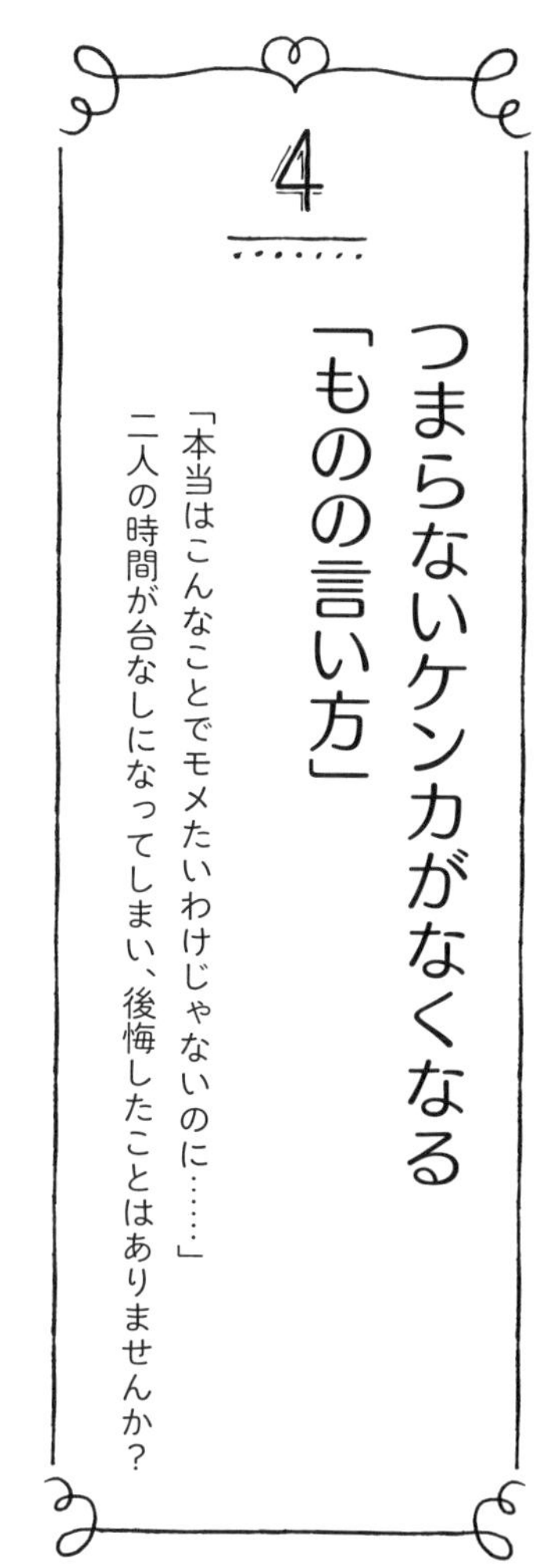

4

つまらないケンカがなくなる「ものの言い方」

「本当はこんなことでモメたいわけじゃないのに……」
二人の時間が台なしになってしまい、後悔したことはありませんか？

私たちは小さい頃から、「相手の立場に立ち、相手の気持ちになって考えましょう」と教わりますね。ですが、「それがいったいどういうことなのか」を本当に理解し、実践できている人は多くありません。

こんなケースがありました。

次の金曜日の夜、ディナーの約束をしていたカップルがいます。お互いにいつも仕事で忙しく、久しぶりのデートです。しかし、前日になって男性がこう言い出したらどうでしょうか。

男性「ごめん、明日は残業しなきゃならなくなった」
女性「えっ⁉　だって明日は二人の記念日だから、絶対に空けようって約束したじゃない」
男性「そうだけど、どうしても急な仕事が入って」
女性「いつもそうじゃない！　一年に1回の記念日くらい、どうして一緒にいてくれないの⁉」
男性「でも、仕事なんだからしょうがないだろう」
女性「私のことなんてどうせ大事じゃないんでしょう！　もういい！」
男性「そんなこと言ったって……（ため息）」

「仕事と私のどちらが大切なのか」というのは、男女間のケンカによく出る難問です。「私のことなんて」「どうせ」あるいは、「仕事と私とどっちが大切なの？」という言葉。いつも仕事のために約束をキャンセルされているとしたら、こう言いたくなる女性の気持ちもわかります。一方、一生懸命働いているのに、責められたりすねられたりする男性の側もつらいでしょう。

このような二人のすれ違いは、つき合いが長くなっても形を変えて、さまざまな場面で見られます。

まず、約束を破ることになってしまった側。

せっかくのデートの約束を仕事でキャンセルしなくてはいけなくなった。何度も同じような出来事があり、心の中では申し訳ないと思っているし、相手に対して負い目がある。しかも大切な記念日である。

相手が怒ったり悲しんだりする姿が目に浮かび、言い出すのも気が重い。

そんな気持ちを抱いているでしょう。

そんなとき、ほんのひと言、ふた言をつけ加えるだけで、気が重い会話を、相手との絆を深める会話に変えることができます。

まずは、**状況をきちんと「説明」すること。これは「言い訳」とは違います。**

「今、抱えている仕事で急にトラブルが起きている。早く手を打たないと、会社が大きな損害を出してしまう。だから、明日の夜は徹夜してでも、すぐに処理しなければならない。それが終わったらディナーに行こう」

たとえば、こんなふうに説明すれば、仕事の内容がわからない相手にも、「今、どんな状況にあって、何を優先すべきか」が伝わるでしょう。

さらに、**事情説明だけでなく、「自分の気持ち」をつけ加えます。**

「自分も今回のデートをとても楽しみにしていたから、とても残念だ」

「悲しませてしまって、申し訳ないと思っている」

こういった〝気持ち〟を伝える言葉があるだけで、楽しみにしていた約束が延期されたとしても、相手は「互いの気持ちが同じところにあった」という安心感を得ることができるでしょう。

とくに、**いつも論理的に話をする人の場合、「残念だ。楽しみにしていたのに」という気持ちがあっても、相手に理由を説明したり謝罪することに一生懸命になっているうちに、気持ちの部分を忘れてしまい、伝えられなくなる**ことは少なくありません。

そして、それを聞いた相手は「この人は仕事のことしか頭にないのだ」と誤解する

「説明」だけでなく、「自分の気持ち」も

ことにつながります。

もし、自分のパートナーがそうした気持ちも事情説明も伝えてくれなかったら。

その場合は、自分のほうから「それはどういう仕事で、どれくらい大事なの？　そして、あなた自身はどう思っているの？」と聞いてみるのもいいでしょう。

ただし、このときに一方的に責めるのではなく、冷静に聞くことが大切です。

そういった働きかけを続けていれば、いずれ事情や気持ちをつけ加えることが相手の習慣になっていくでしょう。

約束を破られた場合は、「聴く」の出番です。

「残業で……」と言われた時点で、こちら側には〝また約束を破られた〟〝楽しみにしていたのに〟といった気持ちが湧き上がります。そうした自分の気持ちに支配されると、相手の話を「聴く」ことができなくなってしまいます。

そこで自分の気持ちはちょっと横に置いて、相手の話していることに注意を向けることができると、「急な残業が入った」ということから、

「何か仕事でトラブルがあったの？」

「何時くらいまでかかりそうなの？」

「どんな仕事なの？」

といった質問が浮かんだり、

「ここのところずっと忙しくて大変そう」「夜遅い日が多くて疲れているだろう」

といった、いたわりや共感が浮かんでくるかもしれません。

「そっか、仕事が入ってしまって大変だね」

というひと言を、大切な相手だからこそ、とっさに言える。

それが「相手の立場に立って考える」「共感的に理解する」ということです。

何より、そう考えられるということは、自分が冷静な状態でいられるということ。

自分の気持ちが先走って相手を責めてしまったり、ケンカになって後味の悪い思いをすることがなくなります。

私の好きな英語の表現に「Put Yourself in someone's shoes」という言葉があります。直訳すると、**「相手の靴をはいて歩いてみよう」**。

相手の靴は、あなたにとっては大きすぎたり、小さすぎて窮屈だったりで自分にフィットせず、とても歩きにくいもの。でも、自分とは違う誰かと一緒に生きていくということは、お互いにときどきそんなことをする必要があるのではないでしょうか。

男女間だけではなく、日々の人間関係でも「相手の立場に立って考える」ということを思うとき、この言葉を思い出します。

「言ってもムダ」と思わずに「自分の気持ちや状況」を説明しよう

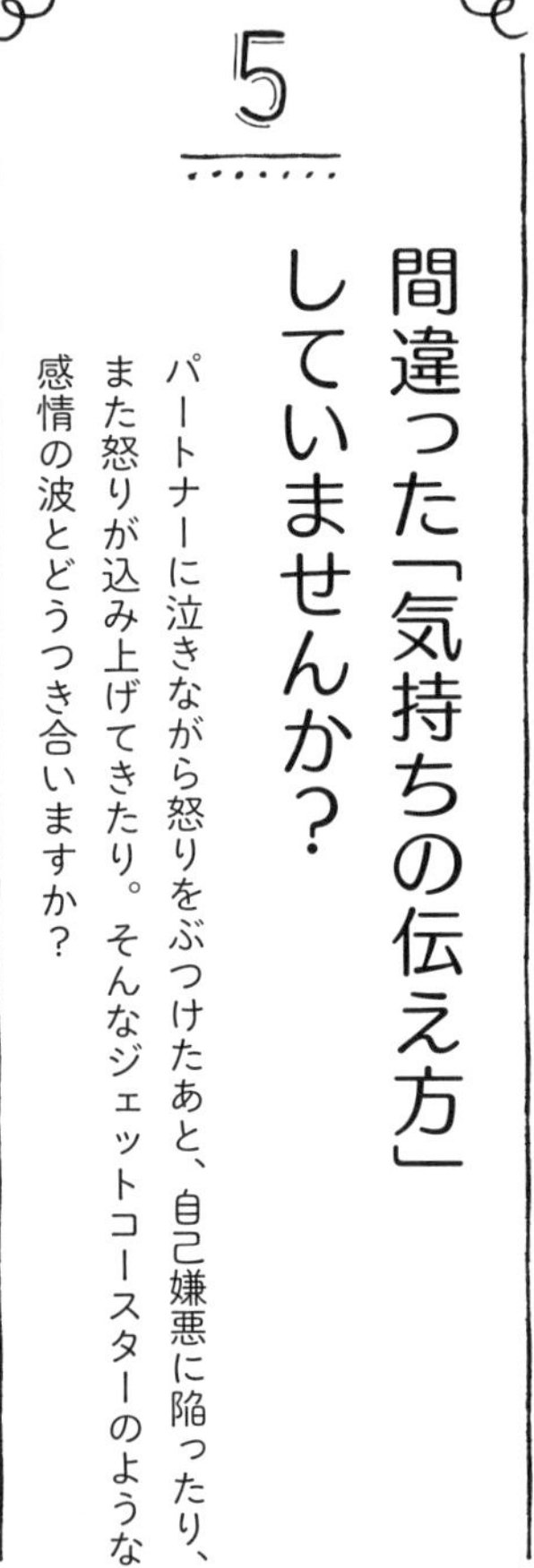

5

間違った「気持ちの伝え方」していませんか？

パートナーに泣きながら怒りをぶつけたあと、自己嫌悪に陥ったり、また怒りが込み上げてきたり。そんなジェットコースターのような感情の波とどうつき合いますか？

自分では「気持ちを伝えているつもり」でも、感情的にぶつけてしまうなど、相手には受け取れない形だったために、お互いを理解することができず、すれ違ってしまうことがよく起こっているようです。

「気持ちを伝える」ことは、相手が受け取って初めて、できたことになります。

「伝えたつもり」「伝わったはず」ということから抜け出す方法を、ぜひ知っていただきたいと思います。

自分の考えていることを伝えるためには、何より、「自分の気持ちを、きちんと言葉にすること」が必要です。

この**「自分の気持ちを相手に伝わるように言葉にする」**ということが、意外に難しく、不十分であるために、多くの人たちの間にすれ違いを生んでいるようです。

赤ちゃんや小さな子どもは、自分の気持ちを伝えたくても言葉にできません。

その代わりに、「泣く」ということで表現します。そうすると、まわりにいる大人が想像力を働かせて、その意味を言葉にしてくれます。

「ああ、痛いのね」「腹が立ったのね」「寂しくて、悲しかったのね」

……そんなふうに言葉にしてもらえると、子どもは気持ちを受け止めてもらえたと感じて安心します。

ですが、**大人になると「悲しい」「寂しい」「腹が立った」などの気持ちは、〝我慢しなくてはならない〟〝表に出してはいけない〟と思いがちです。**

そういう否定的な気持ちは、なかったフリをしていたほうが、一見、日常生活はスムーズになるからです。

でも、**そうやって否定的な気持ちを我慢し続けた結果、自分でも「自分の本当の気持ち」がよくわからなくなってしまっている人たちが増えている**ように思います。

そういう人たちはパートナーにも、「本当にわかってほしいこと」をうまく伝えることができず、〝なんだか満たされない〟〝一緒にいても寂しい〟といった気持ちを抱くようになるのです。

カウンセリングの中で語られた、恋人との結婚に迷いを感じていた30代前半の女性の話です。

恋人は一流企業に勤めるエリートサラリーマンで、いわゆるイケメン、とても社交的で、飲み会などではいつも話の中心にいる人気者でした。

あるとき偶然、彼がかなり前から複数の女性と食事に行っていた事実を知りました。

単に食事を一緒にしただけだし、決して浮気をしているわけではないし、彼女のことを一番大切に思っている、と彼はあっけらかんと主張しました。

しかし彼女は、「後ろめたいから、私には何も言わなかったんでしょう?」と怒りをぶつけ、「もうあなたとはつき合っていけない」と言って、彼を置いて帰ってしまったということです。

しかし、本当に別れたいと思っているのかどうか自分の気持ちがわからないし、彼との結婚をどうしたらいいかも決められない、とその女性は悩んでいました。


彼女は、彼の行為を自分に対する裏切りだと思い、激しく怒りをぶつけました。

それは確かに、彼女の偽らざる気持ちでしょう。

しかし、その怒りのもとには、驚き、落胆、悲しみ、寂しさ、見捨てられたという思い、傷つき、今後の二人の関係に対する強い不安などの弱い気持ちがあって、そんな気持ちにさせられたことに怒りを覚えていると思われます。

実は、怒りのもとの驚きや悲しみは自分が生みだした気持ちなのですが、彼女はほかのことによって引き起こされたと思っていることになります。

誰かの行為や周りの影響を、誰もが同じように受け取るとは限りません。けれども、自分の受け止めは正しく、相手が悪いと怒りをぶつけてしまったのです。
しかしこれでは、彼のほうもそれによって傷つきますし、彼女の本当の気持ちを理解し、自分がしたことを振り返って彼女の身になって理解することもできません。

「自立している」とは、傷つかないということでもなければ、不安を感じないということでもありません。
むしろ、悲しみや寂しさや傷つきといった、一見すると「弱さ」と誤解されてしまうような否定的な気持ちも認めて、表現できるような「心の強さ」を持っているということです。

彼女に必要なのは、「自立した強い自分」を守るために相手に怒りをぶつけることではなく、怒りの根底にある、ありのままの弱い気持ちを認めて、素直に表現することだったのです。

　このように、**人が〝怒り〟を感じているとき、実はがっかりしていたり、寂しかったり、悲しかったり、傷ついていることが多く、そちらを素直に表現することが大切**なのです。そうすることによって、相手に本当の気持ちが伝わりやすくなり、誤解されて、気持ちがすれ違ってしまうことを防ぐことができます。

「怒りをぶつける」のではなく、
怒りの根底にある感情に気づき、言葉にする

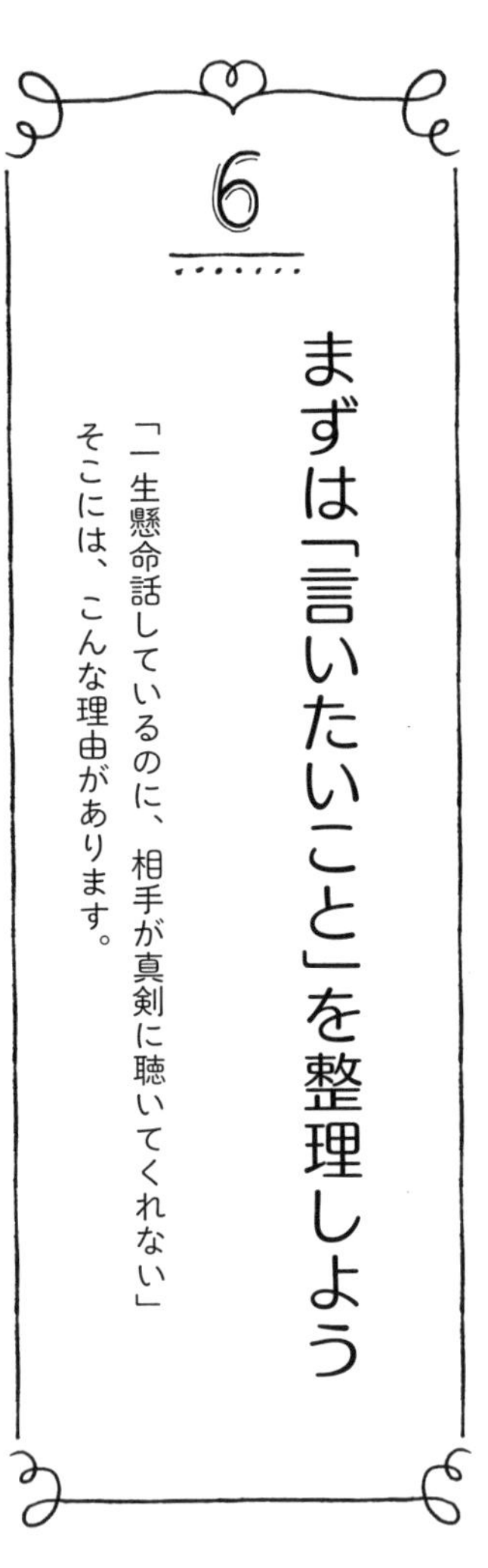

6

まずは「言いたいこと」を整理しよう

「一生懸命話しているのに、相手が真剣に聴いてくれない」
そこには、こんな理由があります。

「本当に伝えたいこと」が自分の中ではっきりしていないと、話があちらこちらに飛んでしまうということがあります。ひとつのことを言い終わらないうちに、次から次へとどんどん話題が移っていってしまうのです。

これでは、自分では言いたいことを言っているつもりでも、相手は最後まで何が言いたかったのかわかりません。

それではいくらしゃべっても、双方にストレスと誤解が生まれるだけで、結局、何も伝わらないことに。

あるカップルのカウンセリングでは、こんなこともありました。

女性のほうが最初から30分間、ずっとひとりでしゃべりっぱなし。カウンセラーがいくつか質問してもそれには答えてくれず、自分の話したいことを話し続けます。

男性はひと言も言葉を発しません。

ようやく最後にすきを見つけて、「とにかくつらかったんですね」と、口をはさむことができました。

そのひと言を聞いたとたん、女性は涙を流し「初めて私の気持ちをわかってもらえた」と言ったのです。


これを二人でいるとき、毎日のようにくり返していると、話を聞かされるほうはウンザリしてしまいます。実際、カウンセリングに同席したパートナーの男性は途中であくびをしていました。

そんなふうに、嫌気がさし、飽きてしまって話を聞かなくなる。

そうすると相手は話が伝わっていないと思って怒りを感じ、さらにしゃべる。

その悪循環になってしまいます。

では、自分の気持ちをきちんと伝えるためには、どのような言い方をすればいいのでしょうか。

たとえば、先ほどの「あなたにデートをキャンセルされて、腹が立った」という言い方を、こう言い換えてみましょう。

「あなたとデートするのを楽しみにしていたから、キャンセルされて、がっかりした。それに、あなたは私ほど楽しみじゃなかったから簡単にキャンセルになってキャンセルできるのかな、と思って悲しかったの。きちんとキャンセルの理由とあなたの気持ちも話してほしいし、次の機会の約束もしてね」

こんなふうに、**まずは「自分の気持ちを整理する」。**

そのあとに、**筋道を立てて気持ちを伝える。**

そして、**相手にも具体的に改善策の提案をお願いする。**

そうすれば相手も、今二人の間に何が起きていて、何が問題なのか把握することができ、嫌気がさしたり追いつめられたりしないで、状況を改善しようと前向きになれるでしょう。

さらに、自分としても気持ちを整理して言葉にすることで、わだかまっていた怒りや悲しみなどの感情が落ち着いていきます。

「相手にわかってほしいことは何か」を自分の中ではっきりさせる

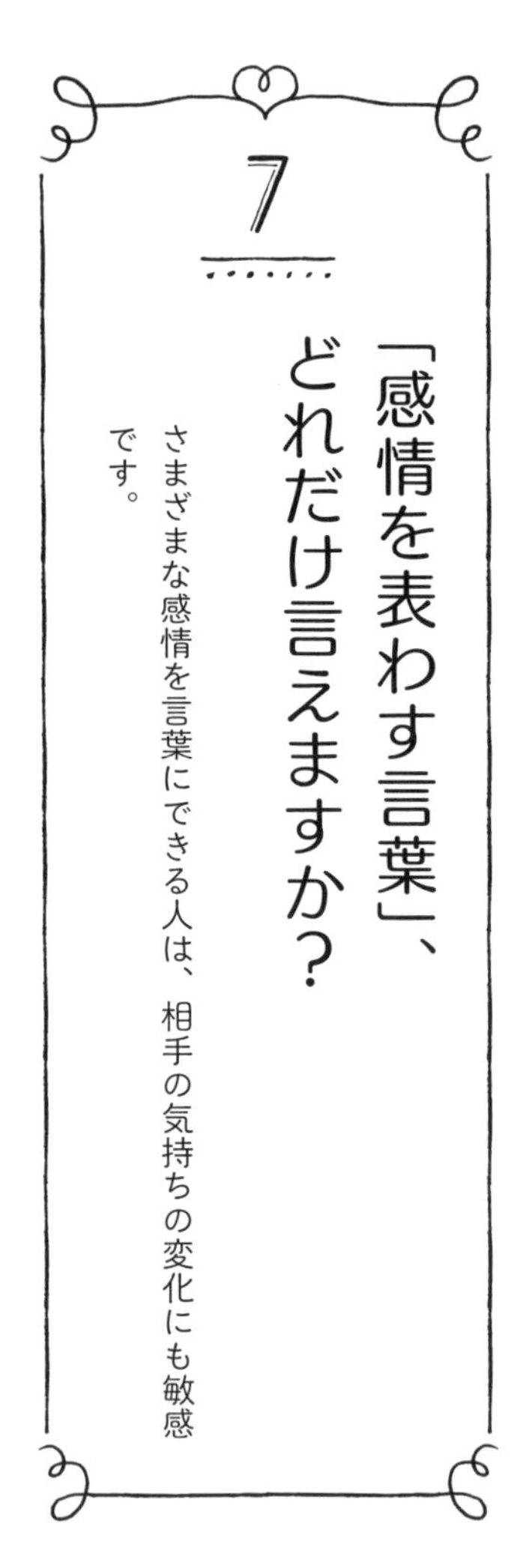

7

「感情を表わす言葉」、どれだけ言えますか？

さまざまな感情を言葉にできる人は、相手の気持ちの変化にも敏感です。

では、ここでひとつ「気持ちを伝える」トレーニングをしてみましょう。

「気持ち」や「感情」を表わす言葉を、思いつくまま書き出してみてください。

たとえば、「うれしい」「楽しい」「幸せ」「悲しい」「寂しい」「つまらない」など。

なんでも結構です。

時間は3分間。

さて、あなたはいくつ書けたでしょうか？

これを実際にカウンセラーのトレーニングなどで行なうと、パーッとたくさん書ける人もいれば、わずか数個しか書けない人もいます。

たくさん書ける人は感情豊かで、日頃から、自分は「どう感じているか」自分の気持ちを把握し、会話の中でも表現しているようです。

書けない人は、言われてみれば、確かにそういう感情があることは知っているけれど、自分では思いつかない。

ふだんから、自分の感情を意識したり、言葉にする習慣がない可能性があります。

心理学を学ぶ学生たちのカウンセリングの実習を見ていても、同じようなことがわかります。

大学院生がそれぞれカウンセラー役とクライアント役を務めて、面接の実習をするわけですが、終了後に口をそろえて言うのは「自分は語彙が少ない」ということ。

正確にいうと、「感情をより適切に表現する語彙がない」ということです。

たとえば、クライアント役が「怒っている」という設定だったとします。

そうすると、学生たちは「怒っている」ことは理解できても、その〝程度〟をうまく表現することができないのです。

その怒りが、「ちょっとイライラしている」程度なのか、「ブチギレている」のか、「はらわたが煮えくり返っている」のか、「何もかもめちゃくちゃにぶち壊したいほど」なのか……。

その微妙なニュアンスをカウンセラーが言葉にしてとらえられてこそ、話を聴いてもらっている相手は「わかってもらえた」と思うのです。

これはカウンセリング実習での例ですが、ふだんの会話についてもいえることです。**できるだけ自分の中にあるさまざまな感情とその程度に気づき、言葉にする練習をする**ことで、相手の気持ちも同じように理解し受け止められるようになるでしょう。

自分の気持ちを〝意識化〟することが、パートナーの気持ちを理解する第一歩

8 つらいときには「つらい」と言える関係づくり

「こんなことを言うと、面倒くさいと思われるかも」
「相手に情けない姿は見せたくない」
そう思って、つらい気持ちをため込んでいませんか？

カップルの関係がよりよくなるためには、**自分が傷ついたときには、その気持ちをきちんと伝えわかり合うことが大切です。**

「〇〇と言われると、傷つく」
「無関心な態度をとられるとつらい」

これを具体的に口に出して言うことが関係を深める第一歩。そういった気持ちをため込んでしまうことが、二人の関係にヒビが入る大きな要因になるからです。

カップルにカウンセリングを行なう場合、それぞれの「つらいという気持ち」をきちんと話すことをとても大切にします。

パートナーが何に、どれだけつらい思いをしているか、どれだけ傷ついたのか、はっきり伝わっていないことが少なくないからです。

あるカップルのケースです。女性が男性にきつい言葉を投げつけることがありました。

仕事で悩んでいて、本当はパートナーに「支えてほしい」と思っているのに、つい、「私はこんなにがんばってるのに、あなたは本当に役に立たないんだから！もういい！」と言ってしまいました。

これは、八つ当たりのようなもので、女性の本心ではなかったかもしれません。

ですが、言われた男性は「自分は彼女の支えになることができないダメな男」というレッテルを貼られたと感じて、傷ついたり、その後、パートナーをどう手助けしていいかがわからなくなってしまったのです。

そのようなことが何回もあり、男性はそのうち本当に何も言わなくなってしまい、それに対して女性がさらに怒りを爆発させる……というくり返しだったようです。

男性の本心を聞いた女性は、「自分が言ったことで、そんなに傷つけてしまったとは思わなかった」と心から反省して謝っていました。


ここまで問題がこじれてしまう前に、男性側が、

「いつもがんばっていて、えらいと思っているし、君の役に立ちたいと思っている。でも、そんな言い方をされると、僕は傷つくし、どうすればいいかわからなくなる」

「そういう言い方をしないで、どうすれば少しでも支えになれるか教えてほしい」

と声をかけていたらどうでしょう。

女性側も少しは冷静になり、自分が言ったことがどれだけ相手の心を傷つけるものだったか気づくでしょう。

反対に、言われた相手がなんの反応も示さないことで、より言葉がエスカレートしてしまうこともありえます。

「傷ついた」「つらい」「そんな言い方はやめてほしい」ということは、このままこういうことを言われ続けたら、二人の関係は危うくなりますよ、という黄色信号を点滅させること。つまり、その場でなんとか修復できるチャンスをつくるということです。

相手と争いになるのが面倒くさい、「この程度のことは自分が我慢するべきだ」などと思わず、きちんと伝えることが大切です。

「つらい」「傷ついた」と言葉にすることも、ときには必要

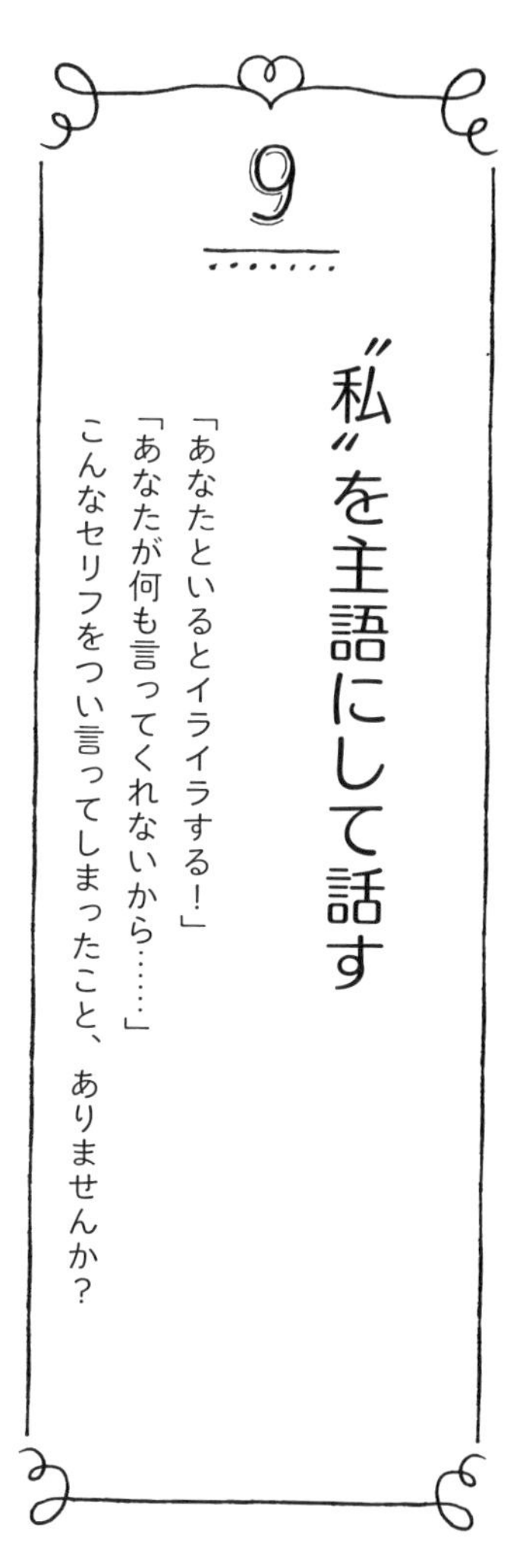

9

〝私〟を主語にして話す

「あなたといるとイライラする！」
「あなたが何も言ってくれないから……」
こんなセリフをつい言ってしまったこと、ありませんか？

「自分の気持ちや考えを、相手が受けとりやすい形で伝える」ことは、とくに不平や不満を伝えるとき、二人の未来を左右するような大きな出来事を話し合うときに役立ちます。

真剣に話し合わなければならないときは、カップルに限らず、どのような人間関係であっても、必ず訪れるでしょう。

そのようなときに、注意してほしいのは、「相手のせいにしない」話し方をする、ということ。

つまり、**「〝自分〟を主語にして話す」**のです。

パートナーと遠距離恋愛になってしまい、二人の時間が十分にとれていないとき。

「どうしてもっと連絡くれないの。いくら仕事で忙しくてもメールくらいできるでしょう！」と言うのはＮＧです。

これは「相手」を主語にして、相手のせいにする言い方。

人は自分が攻撃されていると思うと、自分の身を守るために精一杯になってしまいますから、相手の話を聴くどころではなくなってしまいます。

それよりも「自分」を主語にして話すと、

「〝私〟はもう少し頻繁（ひんぱん）に連絡してほしい。そうすると、あなたから大事にされているんだと思えて、安心できるし、幸せな気持ちになれる」

となります。

主語はいつでも「私！」

こうすれば、言われたほうも「責められている」と感じることはなく、寂しいという気持ちと愛しているという気持ちを理解できるでしょう。

そうはいっても、自分が話しているのに、相手が上の空だったら「ちょっと、聞いてるの!?」と言いたくもなりますよね。

「そういえばあのときも……」「いつもそうやって……」などと過去のことを持ち出して責めたり、「だからダメなのよ！」と決めつけたり。

これは、誰もがしてしまいがちなこと。

それに気づいたら、軌道修正するようにがんばりましょう。

「ごめん、今のは間違い。そう言いたかったわけじゃないの。言い直すね」と訂正したり、時間がたってからでも「さっきは言いすぎた。ごめんね」と謝ることができれば、次の会話はもっとうまく運べるでしょう。

コミュニケーションは、スポーツや音楽と同じように、練習が必要です。今日はうまくいっても、次の日にはカッとなってよけいなことを言ってしまい、失敗することもあるでしょう。

それも〝練習のうち〟と思い、日々会話を積み重ね、お互いが心地いい方法をいろいろと試してみることが、コミュニケーション上達への近道です。

「〝私〟はこう思っている」
——いつでも主語は〝自分〟!

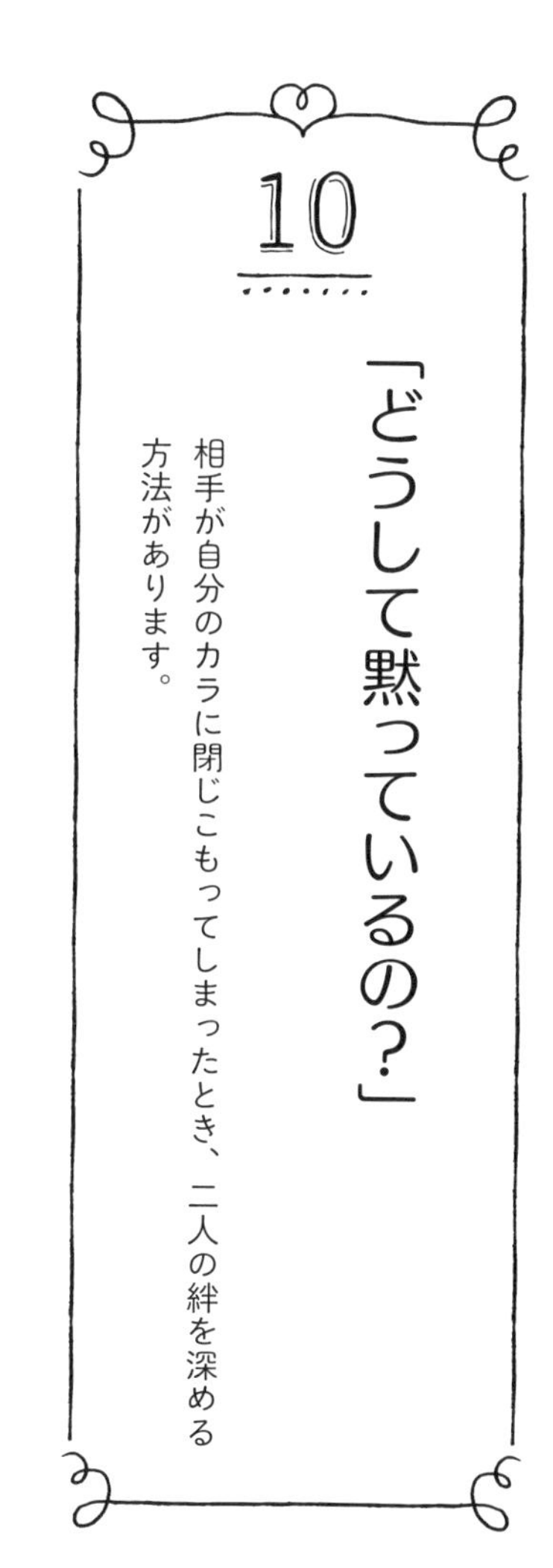

10

「どうして黙っているの？」

相手が自分のカラに閉じこもってしまったとき、二人の絆を深める方法があります。

「自分の気持ちを伝えることを心がけていても、相手が同じように気持ちを話してくれない場合は、どうしたらいいでしょうか」

そんな相談を、とくに女性から受けることが多くあります。

うれしかったこと、悲しかったこと、腹が立ったこと……女性は、そういった出来事を口に出すことでストレスをためないようにするのが上手です。

反対に、**男性は自分の身に起きたことは、誰かと共有するよりも自分の中で解決し**

ようとするものです。

とくに、「男は男らしくあるべき」といった教育をされてきた男性ほど、悩んでいたり、弱っているときに、自分のカラに閉じこもる傾向があります。

見ている側は、力になりたい、頼ってくれないことが寂しい、心配だ、気持ちを共有したい、信頼して心を打ち明けてほしい、といろいろ思うでしょう。

果ては「私と一緒にいても意味ないのかしら」と、よけいなことまで考えてしまうかもしれません。

そういったときは、**無理に聞き出そうとする必要はなく、「少なくとも、私は心配しているよ」ということだけを伝えて**みてください。

ここでも、「自分」が主語になるわけです。

「何か悩んでいるようだから心配で、私はできれば話してもらいたいけれど、もし、あなたが話したくないのだったら、無理に言ってくれなくていいよ。でも少なくとも、私は気にかけているからね」

こちらはそういう気持ちで、いつでも相手を受け入れる用意がある。

それはたったひとりで仕事のトラブルや人間関係に立ち向かっているときに、〝帰る場所がある〟ということを示すことになり、精神的な支えとなります。

それが伝えられたら、相手は〝自分はひとりではない〟と安心して、孤独な状態から抜け出すことができるでしょう。


ある男性がこんな話をしていました。

彼はふだんから、口数の多いほうではありません。パートナーとケンカをして言葉につまると、「もう、いい」と言って、その場を去るのがパターンでした。

ところが、あるときパートナーから、

「そういうふうに黙り込まれたり、置いてけぼりにされたりすると、拒絶されたように感じて、私は寂しくなる」

と言われたそうです。

そこで彼は、「拒絶しているわけではなく、自分の気持ちをうまく説明できなくて困っている。一度頭を冷やすためにその場から離れている」と説明しました。

それまで女性は、男性が黙ったり、その場を離れたりすると、「どうして何も言わないの？」などとよけいに攻撃的になって、いっそう相手を責めてしまい、状況が悪化していたそうです。

ですが、女性が自分の感じていた寂しさを「私は」と主語にして伝えたことによって、男性が自分の気持ちを説明するひと言をつけ加えることができるようになりました。

それ以来ケンカをしても、

「私ばかり言いたいことを言ってしまったけれど、自分の気持ちが整理できたら教えてね」

などとだけ言って、女性もいったんその場から離れるようになったそうです。

男性の「沈黙」は、女性側から見れば〝都合の悪いことから逃げている〟と見えてしまうことがあります。

ですが、そのようなとき、**実は男性は〝困っている〟〝言葉を探している〟〝考えている〟ということが結構あります。**

そのことを知っていると、ときにはあえてその場を離れて距離を置くことができ、ケンカをしたとしても、長引かせずにすむようになります。

相手の沈黙には、無理に聞き出そうとせず、「私は心配しているよ」のひと言を

11

「感情表現が豊かな人」になるには

一緒にいて居心地のいい人、相手の話を受け止める心の余裕がある人には、こんな共通点があります。

自分の「感情」を伝えることは、コミュニケーションには不可欠。
ですが、それは「感情的になること」とはもちろん違います。
それでは、〝感情的な人〟にならずに、〝感情表現が豊かな人〟になるためにはどうすればいいのでしょうか。

「感情表現が豊かな人」とは、喜怒哀楽を自分できちんととらえて、受け止めること

ができる人であり、**素直に感情を表現し、コントロールできる人**です。

そういう人は、どんな感情を抱いているときでも、

「私は今、こういう理由で悲しいんだな」

「こういうことがあったから、腹が立っているんだな」

ということが、自分ではっきりとわかっています。さらに、それを適切に表現することができるのです。

一方、「感情的な人」は喜怒哀楽を自分できちんと把握することが苦手です。

悲しいのか、がっかりしているのか、不安なのか、焦っているのか……すべてがごちゃまぜになり、〝怒り〟などの強い形で表現したり、〝泣く〟ことで訴えることが多いもの。そのため、受け止めるほうは「攻撃された」「感情をぶつけられた」と圧迫感を覚え、反発したり心を閉ざしたくなります。

では、「感情を素直に表現し、コントロールする」とは、どういうことでしょうか。

それは、**感情を適切に「出し入れ」するということ**です。

つまり、ネガティブな感情であれ、ポジティブな感情であれ、出していいときは出し、抑えたほうがいいときは自分の内にとどめるのです。


今日一日仕事がうまくいかず、イライラしていたとします。

真っ先に、心を許したパートナーに愚痴を聞いてもらいたい。

けれど、どうやら相手は疲れているようだ、体調がよくなさそうだ、ということがわかると、いったんそのイライラを横に置いておく。

「また明日聞いてもらおう」と思うことができる、ということです。


うれしいことがあったときも同じです。

一生懸命にやっていたプロジェクトが成功して、会社で表彰された。

その話をして一緒に喜びを分かち合ってほしいと思ったけれど、相手はどうやら今の仕事が難航しているらしく、近頃なんだか難しい顔をしていることが多い。

そんなときに、「こんなに仕事がうまくいってね……」という話を聞かされたら、たとえおめでたいことであっても、相手はどう思うでしょうか。

もしかしたら、素直に受け止められないかもしれません。

マイナスの感情であれプラスの感情であれ、「口に出すのは我慢しなくては」と思うと自分が苦しくなりますし、適切に表現できていなければ、聞かされたほうが苦しくなってしまいますよね。

ですから、タイミングを見計らって、「相手が今なら受け入れる余裕がありそうだ」と思うときに感情を表に出したり、そうでないなら「適当なときがくるまで、しまっておこう」と思ってみましょう。

「感情のコントロールができる人」は、「感情の出し入れ」ができる人

12

「感情のアクセル」と「理屈のブレーキ」

アクセル踏みっぱなしの「感情」人間と、ブレーキを踏みっぱなしの「理屈」人間。今のあなたはどちらでしょう?

感情を出すのが「アクセル」を踏むこと、理屈で抑えるのが「ブレーキ」を踏むことだとしたら、**「自分に正直でアクセルを踏みっぱなしの人」**と、**「感情より理屈で考えるブレーキを踏みっぱなしの人」**がカップルになっている場合を多く見かけます。

同じ車に乗っているのに、同時にアクセルとブレーキを踏んでしまったら、車はどうにも動けなくなってしまいます。

まず、「ブレーキ」をかけるクセがある人の場合について。

「ブレーキをかける人」は、よく「理屈っぽい」といわれる人です。

こういうタイプの人は、〝気持ちを共有するコミュニケーション〟よりも〝問題解決のコミュニケーション〟に慣れているのかもしれません。

たとえば、「こうしたほうがいい」「こうあるべきだ」「結論からまず言うべきだ」などと、感情抜きの話し合いをしようとし、結論を急ぎます。

話している内容が正しかったとしても、言われたほうは話をちゃんと聴いてもらえた感じがせず、〝そんなことわかってる〟と反発したい気持ちになってしまいます。

理屈のブレーキをかけがちな人は、相手はどんな気持ちなのか、何をわかってほしいのかを想像しながら聴くようにしましょう。

そうすると、不必要なアドバイスをすることはなくなるでしょう。

また相手がそういったタイプの場合は、相手の理屈をいったん受け入れた上で、自分の感情を共有してほしいということを伝えてみましょう。

「なるほどあなたの言う通りね。そうできたらいいのだけど、今、私はそれができないから、今の気持ちをまずわかってほしい」と。

次に、「感情のアクセル」を踏みっぱなしになりがちな人。

そういう人は、**「自分の感情をぶつける言い方をせず、気持ちを整理してから話す」「感情がたかぶっていると思ったら、あえて相手と距離を置く」**などの工夫をしてみましょう。

相手がそのように「感情をぶつけてくる」タイプであれば、

「そういうことを言われると、責められている気がしてつらい」

「力になりたいと思っているけれど、どうしていいかわからず、自分も困っている」

ということを言葉に出して伝えましょう。

自分が「アクセル人間」か「ブレーキ人間」かを知る

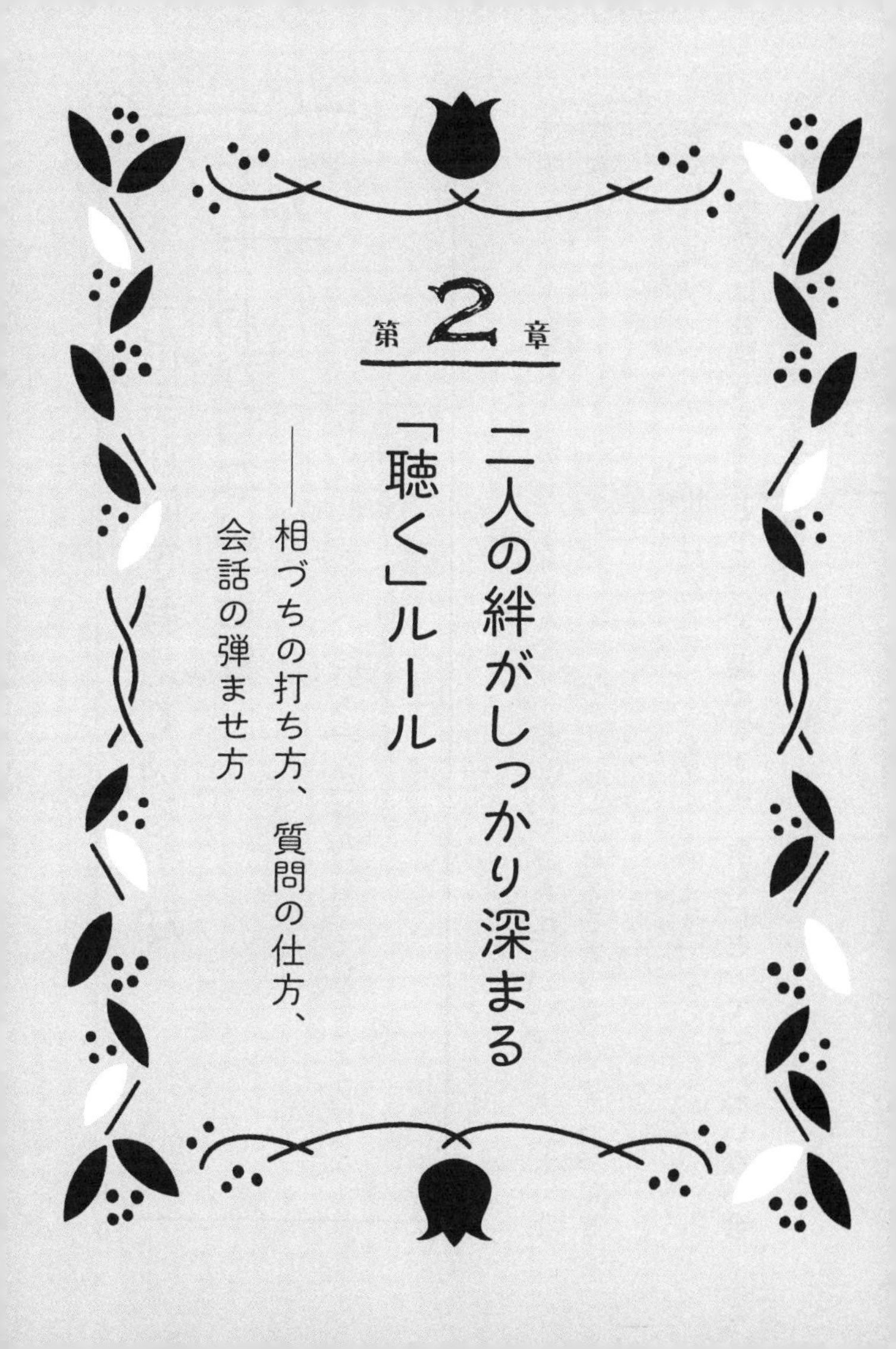

第2章

二人の絆がしっかり深まる「聴く」ルール

――相づちの打ち方、質問の仕方、会話の弾ませ方

13

「相手が何を考えているのかわからない」とき

「おしゃべり好きの人」の頭の中と、「静かに黙っていることが好きな人」の頭の中は、こんなふうに違います。

「近頃、二人でいても会話が続かないんです。話しかけても反応がいまいちだし、上の空な返事しかないし……。そのせいで、私から話しかけることもなんだか減ってきて……」

そんな不満をもらす女性が相談に訪れることがよくあります。

多くの女性は会話をすることで関係を深めますが、男性にとって「たわいない会話」はそれほど重要ではありません。

これは女性のほうが言語をつかさどる脳が発達しているからで、「私と同じくらい感情豊かにしゃべってほしい」という要求は、多くの男性にとってはなかなかハードルが高いのです。

「日常レベルの会話」を思い浮かべても、その差は歴然です。

たとえばランチタイム。

牛丼チェーンでひとりでさっと食事をするのは、男性がほとんど。

あるいは、何人かで食事をしていても、仕事の話がほとんどだったり。

一方、女性はしっかり時間をかけ、お金もそれなりにかけて、会話を楽しみながらランチをするのが好きです。

ここに、そもそもの違いが見えます。

女性にとっては、ランチをしながらのたわいのない会話も関係づくりには「大事な会話」。一方、昼食をさっさとすませている男性にとっては、仕事以外の会話は「おまけ」のようなもの。

それが女性にとってもどかしく思えたり、理解できなかったりして、次のような会話がくり広げられることになります。

女性「ねえ、今、何を考えてたの？」
男性「……？　いや、別に何も」
女性「でも、ずっと黙って考えごとしているみたいだったし。何を考えてたの？」
男性「いや、とくに大したことは考えていないけど……。どうしてそんなことを聞くんだ？」
女性「言えないようなことを考えてたの？」
男性「……？？？（え？　ほんとに何が聞きたいんだか全然わからないよ）」

相手がこちらの話に興味を持っていないようだ。

なんだか自分の世界に閉じこもって考えごとをしているように見える。

そう思うと、話しかけた側は、「今、何を考えているんだろう」という疑問がごく自然に浮かび、「何を考えていたの？」と質問します。

突然そんなことを聞かれた側は、静かにリラックスしていたり、日常から解放された自由な時間を楽しんでいたら、「相手が突然不機嫌になったり、質問責めにしてきたりする」と感じてしまいます。

こんなときは**「何を考えているの？」という聞き方をするのではなく、「今、疲れて話したくないのか、それとも何か考えごとをしているのか、それが気になっている」、と質問の内容を具体的にする**ことです。

黙っている相手の心を開くには、言葉かけの工夫が必要

14

何か言いたくなったら「3秒」待つ

「たくさん会話をしているはずなのに、満たされない思いがある」
――そんなとき、こんな〝会話パターン〟になっていませんか。

会話をしているように見えても、実は〝会話〟になっていないこともあります。
カフェで、隣からカップルのこんな会話が聞こえてきたことがあります。

女性「今日、○○なことがあってさ。私は△△だと思って処理したんだけど、どう思う?」
男性「………………うーん、そういう場合だったら、」

女性「やっぱりね、こういう場合だったらあの処理の仕方はいいと思うの。だって、そうすれば相手も助かるじゃない？」
男性「…………でも、それだったら、」
女性「やっぱり、あれでよかったよね！」
男性「……うん、そうだね」

この男性は、物事を考えてしゃべるのに少し時間がかかるタイプのようでした。

一方、女性は次から次へと言葉がぽんぽんと口をついて出るタイプ。

どちらがいい、悪いはありませんが、先の会話では、男性の返事を待たずに女性が次々と話を進めてしまい、男性は意見を聞かれても答える時間がありません。


こんなふうに**「どちらか一方だけがまくしたてている」ことが、実はよくあります。**

女性が一方的に話して、男性が聞き役に回っているカップルもいれば、男性が自分の自慢話をし、女性は相づちを打つだけ、というカップルもあります。

二人がうまくいっているときは気がつかないものですが、このような会話をどれほど長時間続けても、二人の間を深めるコミュニケーションにはなりません。

最初は一生懸命女性の話を聴き、返事をしようとしていた男性が、「自分の意見は求められていない」と感じてしまい、やがて話に耳を傾けることをやめてしまう。

男性の話を一方的に聞かされていた女性が、男性の思いやりが感じられない、大切にされていないという不満を抱き、愛情を感じられなくなっていくこともあります。


このような「会話」から抜け出し、「実のあるコミュニケーション」にするために、カウンセリングにやってくる方には、〝3秒の法則〟をお伝えしています。

何か言いたくなったら、「3秒待つ」のです。


女性がほぼ会話の主導権を握るカップルの場合。

質問に対して、男性がなかなか答えないことにしびれを切らした女性が何か言おうとしたとき、私は「ちょっと待ちましょう」とストップをかけます。

3秒待つことをくり返していると、ふだんは自分の意見を言うことをあきらめてしまっていた男性でも、少しずつ話すようになってくれるのです。

〝何か言いたくなったら、3秒待つ〟に慣れてきたら、今度は「5秒」待ちます。

それだけのことで、いつもの二人の会話のパターンがずいぶん変わってきます。

これは、どんなカップルでも使える方法です。相手が話している最中に、つい反論したくなったり、話をさえぎって何かを言いたくなることは誰にもあると思います。

そこで、相手の言いたいことをきちんと聞かずに、「でも、それってさ……」と、自分の枠組みに引きつけて解釈したり、「だから、～って言ってるじゃない！」とやってしまうと、争いのもとに。

自分の意見をしっかりと持っている人、考えをすぐにまとめることができる人、話したいことがすぐに言葉になる人ほど、意識して「3秒待つ」を心がけてください。

"3秒の法則"で二人の会話はもっと豊かになる

15

〝聴き上手〟ほど、よけいなアドバイスはしない

パートナーから相談事をされると、「私が力にならなくては」「役に立たなくては」という思いばかりが空回りしたことはありませんか？


相手が悩みを打ち明けてくれたり、大変な状況に追い込まれているという話を聞くと、「相手の役に立ちたい」「問題を少しでも解決してあげたい」と思うものです。

それが大切な人であればあるほど、いいところを見せようと無理をしてしまいます。

そんなとき、相手の話を聞きながらも、頭の中では「どんなひと言をかけようか、なんと言ってアドバイスをしようか……」と、そればかり考えてしまい、実はきちんと話を聴けていない場合があります。

または、「相手の話の中で自分が一番ピンとくるところ」に反応することで、相手を理解している〝つもり〟になることもあります。

多くの人たちが、次のようなピント外れの会話をしているのではないでしょうか。

男性「今日、外回りの営業でたまたま先輩と一緒になって。そうしたらずっと愚痴ばっかり聞かされて」

女性「ふーん」

男性「最近自分の成績が上がらないのは、上司が評価してくれないからだって。まったく、まいったよ」

女性「そんなの、聞いてあげることないじゃない」

男性「いや、一応相手は先輩だし。なんて言ったらいいかわかんなくて……」

女性「そうやって優しいから、相手につけ込まれるのよ。そんな面倒くさい人と一緒になったら今度から、〝僕は違う営業先がありますので〟ってはっきり言わないと。この間だって……」

男性「(女性の話をさえぎって)もういいよ。まるで俺が悪いみたいじゃん」

「聴く」とは「観る」こと

男性のほうは、ただ「大変だった。疲れてしまった」ということを聞いてもらいたいだけ。それをわかってくれさえすればいいと思っている。

一方、女性はよかれと思って具体的なアドバイスをしようとしますが、それは相手が「本当に聴いてほしいと思っていること」と食い違ってしまったのです。

〝聴き上手な人〟というと、「相手に気持ちよく話をさせてあげられる人」というイメージがあり、相づちの打ち方などのテクニックに重点を置いて考えがちですが、実は**聴き上手な人は、〝観察上手な人〟**でもあります。

人が話しているときの表情、または話していないときの表情やしぐさ。手元にあるものにずっと触れている、何か言いたそうにしているが、言いかけてはやめることをくり返している、視線がいつもより下を向いている……など。

私たちは、無意識のうちに多くの〝メッセージ〟を送っています。


こういったことに気づくのは、そんなに難しいことではありません。

相手のことをよく見ていれば、**相手の話し方、声のトーン、体の動かし方、表情から、なんらかの情報を受けとることができる**でしょう。

メールや電話とは違って、向き合ってする会話は、五感をフルに使うもの。

それを心にとめておくだけで〝会話の質〟は格段に上がります。

「話の内容」だけでなく、相手の様子も観察しながら聴く

16

こんなときなら、話に耳を傾けたくなる

話を「聴いてくれない！」と思ったら、自分のかかわり方を見直すきっかけにしましょう。

あなたはどのようなときに、相手の話に耳を傾けたくなるでしょうか？
その答えは裏返せばそのまま、人に自分の話をきちんと聴いてもらうためのコツになります。

自分の興味のある話題、楽しい話、笑える話なら、聞いていてイヤな気持ちになる人はいないでしょう。

また、たとえ愚痴でも、毎日延々と同じ話を聞かされたらイヤになってしまいますが、日々努力している相手からたまに聞かされる弱音であれば、かえって応援したくなるのではないでしょうか。

そうした**愚痴や理不尽な体験、悩みをきちんと聴いてあげよう、力になってあげたい、と思うとき、心の中ではどこかに「相手への感謝」がある**のではないかと思います。

自分が疲れていてつらいとき、弱音を吐きたいとき、隣にいて支えてくれた。

なんでもない日に、励ましのメールをくれた。

体を気づかって、おいしいごはんをつくってくれた。


そんな日頃の小さな心遣いが、意外なほど「聴く姿勢」に影響しています。

たとえば、こんなカップルがいました。

女性のほうは、いつパートナーが来てもいいように、家の中は気持ちのいい空間に整えていようと、部屋の片づけは欠かさないと言います。

男性は、そんなパートナーの部屋に行ったときには、食事の後片づけなどを率先して行なっていました。

お互いに忙しいのに、相手が自分のために何かを一生懸命にやってくれる。

それを感じれば、人は相手のために何かをしてあげたいと思うものです。

近頃会話が続かない、相手が真剣に話を聴いてくれない！　と不満に思ったら、何かひとつ、自分から相手のためになることをしてみるといいかもしれません。

「いつもお疲れさま」「いつもありがとう」

そんなひと言をかけるだけでもいいのですから。

聴いてもらいたいときこそ、
自分から歩み寄ることが大切

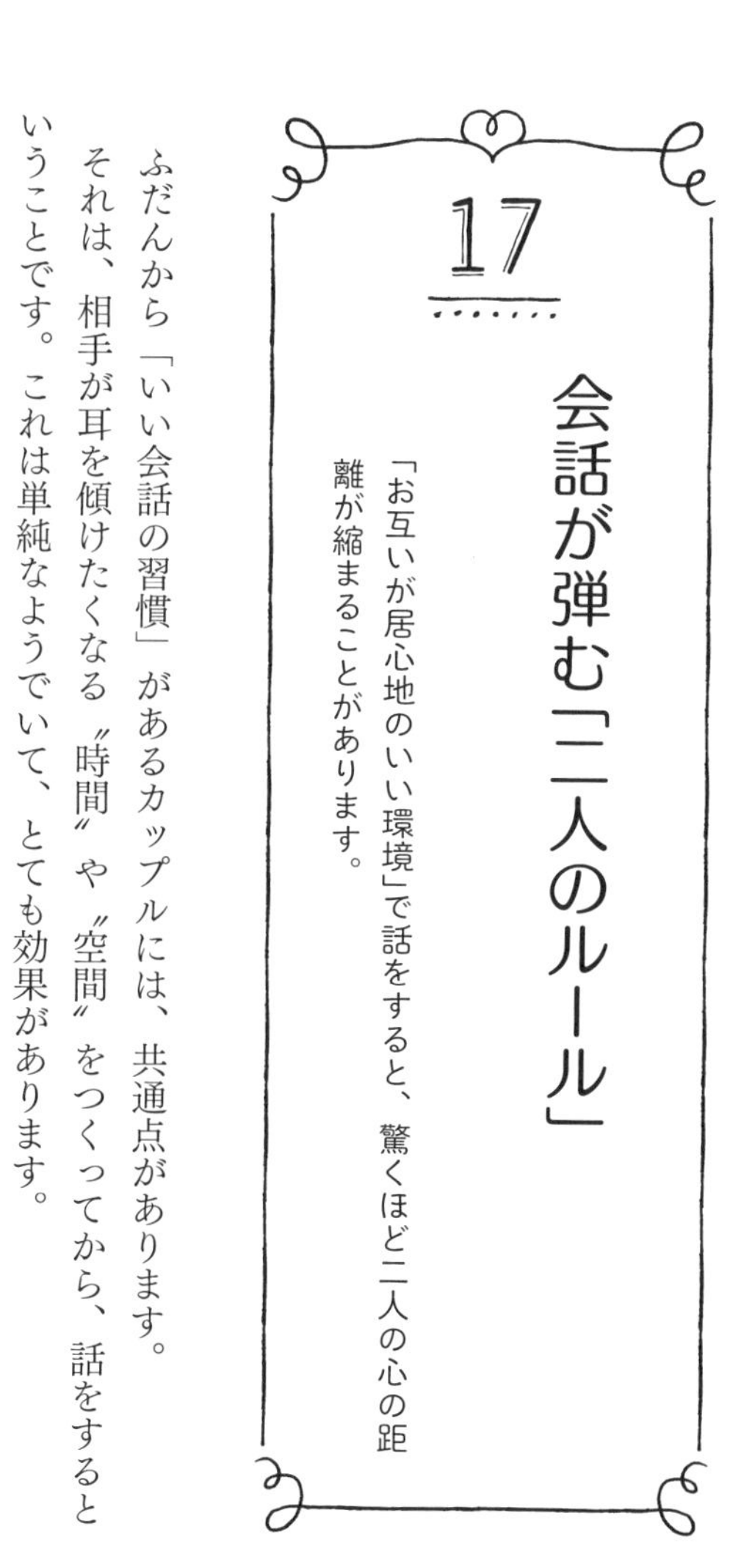

17

会話が弾む「二人のルール」

「お互いが居心地のいい環境」で話をすると、驚くほど二人の心の距離が縮まることがあります。

ふだんから「いい会話の習慣」があるカップルには、共通点があります。
それは、相手が耳を傾けたくなる〝時間〟や〝空間〟をつくってから、話をするということです。これは単純なようでいて、とても効果があります。

◇会話がスムーズに行くルール

①相手が忙しそうなときや、疲れているときは、複雑な話やネガティブな話は避ける。

誰にも「聴ける状況」と「聴けない状況」があります。それを忘れず、話すタイミングをはかることを重視します。

たとえば、待ち合わせの場所に駆けつけた相手に息つく間も与えず、いきなり「今日ね……」と話しかけても、満足のいく会話はできないでしょう。

②話すときには、とくに悩みや愚痴では、同じ話はくり返さない。

できるだけ簡潔に話すことを心がけたり、ある程度、時間を区切って会話をしたりすることも有効です。

③話題を変えたり、相手に対して意見を言うときにはひと呼吸をはさむ。

ひと言「ところでね……」「話は変わるんだけど……」、あるいは「私の話もしていい?」など。こうした〝クッション〟があるのとないのとでは、相手が受ける印象が大きく異なります。お互いに会話の主導権を奪い合うような会話にならず、よりスムーズで満足がいく会話ができるようになるでしょう。

④自分が「聴ける状態ではないとき」は、相手に伝える。

自分自身が何か大きな不安を抱えていたり、イライラした気持ちでいたりすると、相手の話に耳を傾けることができません。相手の話が愚痴や不満だったりすると、なおのこと。「こっちだって大変なのに！」という気持ちにもなりますよね。

そんなときには無理をせず、

「今、私はこういう状況なので、話をじっくり聴くことが難しい」

「今週末には仕事がひと段落するから、そのときでも大丈夫？」

などと、提案してみてください。

互いにイライラしたり、心に余裕のない状態で話をするよりも、いい結果になるでしょう。

お互いの心に余裕が生まれる「時間と環境のルール」をつくる

18

ときには、上手に「引くこと」も大切

「つい不安になって、相手のことを質問攻めにしてしまった」

「しつこく聞きすぎて、険悪な空気になってしまった」

そんな経験がある人は、こんな工夫を。


「相手の考えていることが全然わからない」と悩む人の心の中には、

「……だって、全然こちらの話を聴いてくれないし、かまってくれないし、理解してくれないし、もう相手が何を考えているんだか、さっぱりわからない！」

「なんでも話してねと言っているのに、黙ったきり。私は、こんなに相手のことをなんでも知りたいし、理解したいと思っているのに！」

といった不満があることが多いようです。

そうなってしまうと、どんなときでも「相手の気持ちを確かめること」に大変なエネルギーを費やすことになったり、近づこうとすればするほど、相手が離れていくという悪循環も起きがちです。

こちらはパートナーの話を聞こうとしているのに、相手はあまり応えてくれない。

そんなときは、働きかけが強すぎるために、相手はかえって話したくなくなり、避けたくなっているのかもしれません。

女性「ねえ、最近、疲れてるみたい。何か悩んでる？　仕事が大変なの？」
男性「別に、大丈夫だよ」
女性「そんなふうには見えないから言っているのに。悩みがあるなら、ちゃんと話してよ」
男性「まあ、仕事が大変なのはいつものことだからさ……」
女性「ちゃんと言ってくれないと、わからないよ」
男性「そんなこと言ったって、そう簡単には話せないよ……」
女性「私は全部教えてほしいの」

男性「…………（そんなに次々いろいろ言われたら、よけいに話したくなくなっちゃうよ）」

こんな会話、あなたは経験がないでしょうか？

こんなときこそ「観察」の出番です。

つねに「教えて」「わかりたい」と相手に向かっていくよりも、ときには少し距離を置いて、相手の様子を観察することです。

相手を心配して言葉をかけた。それに対して「大丈夫だよ」と返ってきたら、今はそのことについては話したくないという合図かもしれません。

「相手が本当に必要としていることは何か」を観察しましょう。

「疲れているように見える・忙しそうに見える」といったヒントがあれば、まずは、ねぎらいの言葉をかけたり、お茶を入れてあげる、おいしい食事をつくるなど、具体的にできることが見えてきます。

自分の中の「知りたい、教えて」「何も言ってくれないから不安」といった気持ちを落ちつけることができますし、疲れ・悩みで緊張状態にあるパートナーの心を優しくほぐす効果があります。

そのような積み重ねがあれば、パートナーがひとりでは抱えきれない悩みや不安を抱いたとき、自分から相談してくれるでしょう。

「何も話してくれない」ときは、少し距離をとって相手をよく見てみよう

第3章

ちょっとしたトラブルを賢く解決する方法

——こんな「悩み」には、どう対処すればいい？

19

相手が「変わってしまった」と感じたら

「つき合い始めた頃は、こんな人じゃなかった」

「あの人が、こんなふうになるなんて思っていなかった」

そんな不満が解消する考え方があります。


長くつき合っているカップルからよく聞く不満として「相手が変わってしまった」というのがあります。

こういう不満を抱くのはたいてい、パートナーを手に入れたとたんに、**相手が自分をいかに満足させてくれるかということに意識が向きがちな人**です。

性別に関係のない問題であり、お互いに不満を抱き合っているカップルもいるかもしれません。

男性であれば、つき合い始めた頃は彼女が手の込んだ料理をつくってくれたのに、近頃では出来合いやインスタントのものばかり。

女性であれば、以前の彼はもっとマメにプレゼントしてくれたのに、最近はクリスマスも誕生日も特別なことを何も考えてくれないし、優しい言葉もかけてくれない。

こんなふうに、あげるとキリがありません。

手の込んだ料理も、マメなプレゼントも、そもそも「自分はあなたのことを大切に思っている」という姿勢のアピールだったのですね。

相手を射止めてしまえば、そういうアピールをしなくてもいい。

いわゆる「釣った魚にエサはやらない」という状態です。

ですが、恋愛初期には多くの場合、お互いに相手から好かれよう、相手を喜ばそうと努力したり、多少の無理はするものです。そうした努力を長い間続けるのは、男性、女性を問わず、誰にとっても容易なことではありません。

パートナーが変わってしまったと嘆いている自分自身も、実は「変わってしまった」のに、自分の変化には気づかないことも多いのではないでしょうか。

それは、つき合いが長くなったぶん、肩の力が抜けてラクになっているということでもあります。


以前と同じアピールがないからといって、あなたとの関係が大切でなくなったわけではなく、二人の関係が次のステージに移行しつつあることを示しています。

相手に不満がつのったときは、あなたや家族のために相手がしてきてくれたこと、あなたが相手にしてきたことを思い返すなど、二人の関係を再確認してみましょう。

それはイコール、相手の何を〝評価〟するか、ともいえます。

相手のどういう行為や言動を「いいな」と思ったのか。そこさえ見失っていなければ、「寂しい」「あの頃は幸せだったのに」と思い悩むことも少なくなるでしょう。


さらに、自分の見方が変わったので、以前ポジティブに見えていたことがネガティブに見えてくることもしばしば起こります。

もちろん、人は実際に「変わる」ものですから、昔とは違ってくることもあります。

それは「成長する」と言い換えてもいいでしょう。

人間はみな成長し、変わり続けていくものです。

日々、仕事やプライベートでさまざまなことが起こり、年齢を重ねていくのですから、それは当然のことともいえます。

この日々の小さな変化を見逃さず、一緒に受け止めながら過ごせるカップルは、関係の変化に必要以上に落胆することなく、どうつき合い続けていくかを考えられるでしょう。

「相手が変わった」のではなく、自分の見方も変わった

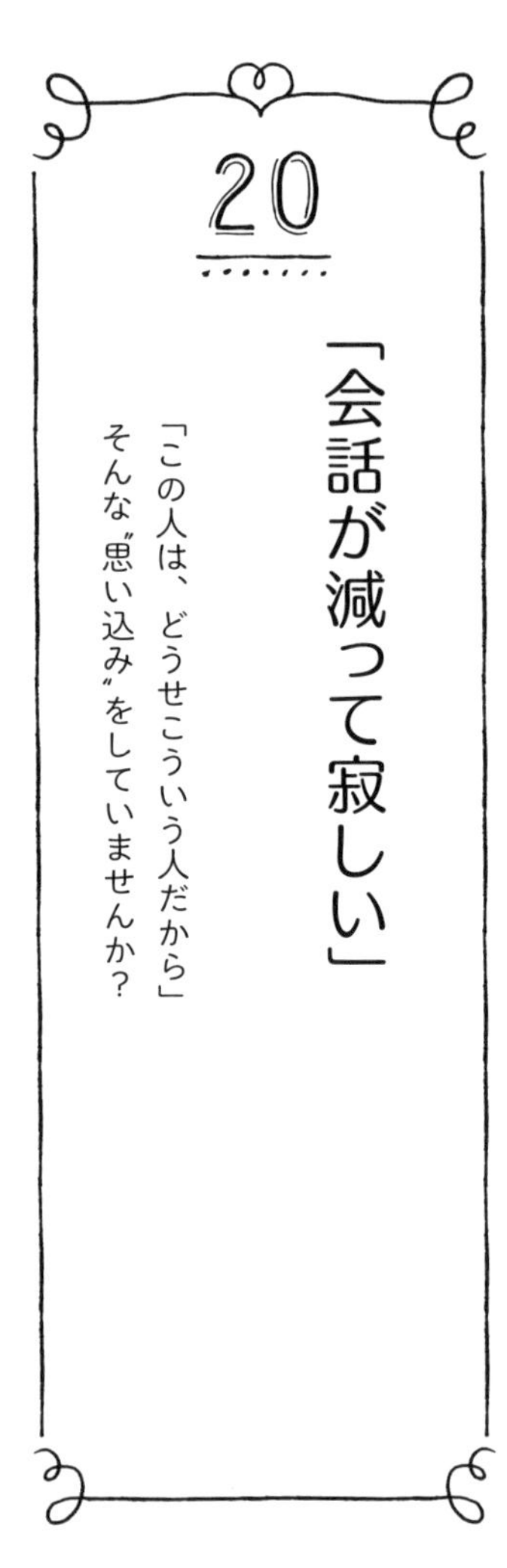

20

「会話が減って寂しい」

「この人は、どうせこういう人だから」

そんな"思い込み"をしていませんか?


つき合い始めたばかりの頃は、二人で何時間でも話していたカップルでも、一緒にいることが当たり前になるにつれ、会話が減っていくことは珍しくありません。

それに加えて、現代の人は大変忙しく、いろいろなストレスを抱えています。やらなくてはいけないことに時間をとられ、十分にパートナーと言葉を交わす時間がないという現実もあるでしょう。

たとえ一緒に暮らしていたとしても、二人で会話を交わす時間も、一緒に過ごす時間もない状況が続けば、気づいたときには心が離れていても不思議ではありません。

パートナーと一緒に行動する時間をきちんと確保することが大切ですが、「遠く離れていて、なかなか会えない」「休日が違うので、すれ違うことが多い」など、それぞれのカップルが抱えている事情は異なるでしょう。

そこで「相手が忙しそうだから、迷惑をかけたくない」「こんなに時間がないんだから仕方ない」とあきらめずに、二人で一緒にいられる方法を探してください。

私が行なっているカップルのためのカウンセリングでも、「最近、一緒に食事したことがない」とか、子どもがいる場合なら「二人だけで話したことがほとんどない」という方が少なくありません。

そういう場合には、

「1カ月後の次のカウンセリングまでに、二人だけでおしゃれなレストランにでも行って食事をしてきてください」

「二人だけで、映画を観に行くなり、遊園地に行くなりどこかに出かけてください」

と提案するようにしています。

子どもがいるご夫婦なら、「そのときには子どもの話はしないように」とつけ加えたりもします。

こうした試みは、あまり頻繁に行なおうとする必要はないのです。「二人の関係を考える、改める」というと、意を決して大きな変化を起こさなくてはと思いがちですが、本当はもっとささいなことからスタートすればいいのです。「毎日、1時間早く帰ってきて話し合いましょう」というのはハードルが高すぎてなかなか続きません。また、始める前から、どちらかがおっくうだと思ってしまうこともあります。それより**1週間か2週間に一度、せめて30分早く仕事を切り上げて、一緒にお茶を飲む時間を持つくらいでも十分。**

それだけでも、多くの場合、変化が表われます。

変化のひとつは、「久しぶりだ」という感覚。

たとえば「二人で今度どんなことがしたいか話したのは、久しぶりだった」と気づくわけです。

それによって、二人で過ごす時間が減って関係も変わっていたことや、気持ちが離れかけていたことを自覚します。まず、これが大切です。

そして「そういえば以前は休日はのんびり一緒に過ごしたり、食事に出かけることがもっと多かったな」と思い出し、「やっぱり、こういう時間はいいな。大切にしたいな」と思うようになるでしょう。

また、そのように二人でゆっくり過ごす時間を持つと、**相手の「見えていなかった部分」が見えてきます。**

「ああ、この人は近頃、こんな生活を送っていたのか」「こんなことを考えていたのか」などとわかることは、二人の距離を縮める新鮮な驚きです。

知らなかった部分を垣間見ると、相手に対する関心が強まったり、「もっと知りたい」と思うようにもなります。

そもそも**「わかったつもり」になっているときは、相手に対する関心が薄れているもの。**

逆に、**「相手のことをわかっていなかった」と自覚することは、互いに近づくため**

の大事な一歩になります。

もちろん、こういった時間を一度や二度とったからといって、すぐにすべてがうまくいくとは限りません。

「やっぱりわかってもらえない」と、がっかりすることもあるかもしれませんが、そこで相手を責めると逆効果。

焦らず、「パートナーともっと素敵な関係を築きたい」という気持ちを持ち続けていれば、チャンスは訪れます。

何より、二人の関係をつねにいい状態に保ちたい、というあなたの愛情は、二人の関係を変えていく原動力になるでしょう。

二人の関係を見つめ直すために、二人だけの時間を持つ工夫を

21 「セックスレス」はここから起きている

〝セックスレス〟を解消できるかどうかは、二人の関係性しだい。根本原因には、コミュニケーションがうまくいっていないことがセックスレスという問題で表面化することも。

カップルが抱える悩みの中でも、セックスレスに関する悩みは、近年とても増えています。

セックスの問題は、体の問題というだけでなく、二人の関係の問題であり、突き詰めればコミュニケーションの問題です。

コミュニケーションがうまくいっていないことが、結果としてセックスレスという形になっていることが少なくありません。

かつては、男女がお互いのことをよく知った先にセックスがあり、それは相手との心理的親密さと比例するものでもありました。
ところが、現在では男女の親密さと、セックスは別のものであることも少なくありません。

近頃では、相手のことをよく知らないにもかかわらずセックス、ということも珍しくないようです。かつてのように、少しずつ知り合い、徐々に親密になっていくという感覚はあまりなく、いきなり垣根を飛び越える感じです。
そうすると、お互いのことをよく理解しているわけでもないのに、セックスをして、なんとなくお互いのことを「わかっているようなつもり」になってしまいます。

セックスは、単に性欲だけの問題ではなく、日頃のストレスや悩みの程度、二人が共有できる時間と空間、結婚に対する価値観、自尊心、子どもの頃の親との関係や、両親の夫婦関係など、さまざまなことが複雑に絡み合っています。

どんなカップルであっても長い期間、同じパートナーとセックスをしていると、当然マンネリ化する可能性はあります。

そのときに、**セックス以外のコミュニケーションで親密さが確認できると、頻度や回数は減ったとしても「セックスレス」ということにはなりにくい**し、なったとしても回復は早いでしょう。

本当のコミュニケーションはとれていないのに、セックスさえしていれば自分たちは円満だと誤解しているカップルもあります。

ケンカのあとにはセックスをしてなんとなく仲直りし、肝心なことは話し合わないまま先送りにしてしまう。

つき合っているときにはそれでなんとかなっていたとしても、結婚後は、話し合って決めなければいけないこと、避けることができないことが山ほどあります。

それらをうまく解決できないと、パートナーに対する不満がつのり、セックスも回避したくなったりします。

「セックス」はあくまでも親密な関係の上に成り立つコミュニケーションのひとつの手段であり、〝目的〟ではないのです。

セックスに関する悩みが増えたときこそ、コミュニケーションの改善をはかることが、根本的な問題解決につながります。

コミュニケーションをとれば、セックスレスから抜け出せる

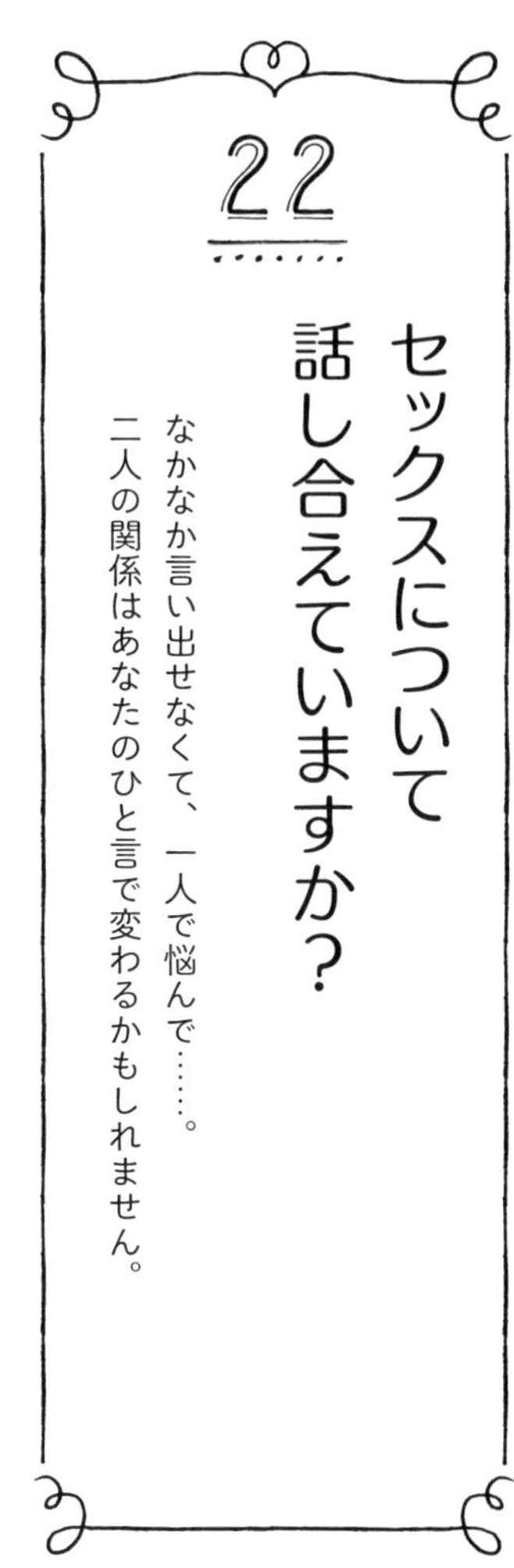

22 セックスについて話し合えていますか？

なかなか言い出せなくて、一人で悩んで……。

二人の関係はあなたのひと言で変わるかもしれません。


「セックスの頻度」ということがテレビや雑誌などでもしばしば取り上げられ、それがセックスに対する誤解を生んでいるということもあります。

ほかのカップルと自分たちを比較しても解決そのものにはつながらないでしょう。

「頻度」を比べることに意味がないのと同じように、セックスの意味は人それぞれ、カップルによってもそれぞれです。

それが二人のあいだで一致し、納得できていれば頻度が少なくても問題とは認識されません。

ですが、二人の間でセックスに託す思いの〝ずれ〟について話し合えないと、どちらか一方だけが悩みを抱え込むといった問題が起こります。

たとえば、セックスレスについて、こんなふうに悩んでいる女性も少なくないのではないでしょうか。

「近頃、全然セックスがなくなっちゃったけど、どうしてかな……。私が女性として魅力がなくなって、飽きちゃったのかな。それとも浮気でもしているのかしら。でも、そんなことはっきり聞けないし、どうしよう。もう、このままずっとセックスがないままなのかしら……」

この女性が抱えている**一番大きな問題は、セックスの頻度が減ったことでも、本人の魅力に関することでもなく、「面と向かって自分が悩んでいることを相談できない」こと。**

もしかしたら、パートナーは単に疲れていてセックスをする気になれないだけなのかもしれません。なのに「自分に魅力がないのか、飽きたのか、浮気しているのか」と、考えてもわからないことばかり気にしてしまっています。

カウンセリングに訪れて、ようやくセックスレスの問題について話し合うようになったカップルもいます。「お互いに真剣な話をすることを避けていたこと」に初めて気づいたのです。

お互いの考えていることを伝え合ったところ、

「そうか、もう彼は私に興味がないのかと不安だったけれど、本当にただ疲れているだけだったのね。仕事の状況も初めてちゃんと話してくれて、やっとどれだけ大変かを理解することができました」

「そうか、自分は単に疲れているからセックスしなかっただけだけど、女性のほうは、自分を女として愛してくれていないと悩んでしまうんですね。仕事のことも、よけいな心配をさせたくないと思って黙っていたけど、むしろ話したほうがいいんですね」

そんなふうにお互い理解し合い、歩み寄ることができました。

セックスについて悩んだら、二人の関係を見直して話し合ってみる

23

パートナーの愛情を一瞬で冷ます「禁句」

なんの兆候もなく、ある日突然、パートナーの態度が変わってしまった。その原因は「たったひと言」にあったのかもしれません。


パートナーの心を決定的に傷つけてしまうような「禁句」。

これは、つい口がすべってしまったり、そこまで相手が傷つくとは思わずに言っていることが多いのですが、言われたほうはなかなか忘れられないものです。

とくに近頃の相談の中で多いのは、「彼女の言葉によって男としてのプライドを傷つけられた」というもの。

一般的に、女性は何か傷つくことを言われると敏感に反応し、「ひどい」「傷つけられた」と主張します。

それに比べて男性は、「自分がこんなふうにショックを受けた」「その言葉によってこんなつらい思いをしている」ということをパートナーに伝えることが苦手です。「そんなことを言われたくらいで、いちいち傷つくなんて男らしくない」と自制心がはたらいて我慢してしまったり、傷ついている自覚がないまま、無意識のうちにパートナーに対する不満をどんどんため込んでいくということも。

だからこそ、言ってしまった女性も気づかないことが多いのです。

気づいたときには手遅れ……ということにならないために、「言ってはいけない言葉」を次にまとめておきます。

◇男性に言ってはいけない言葉

男性は、**〝パフォーマンスに関わること〟に対する言葉に傷つく**といわれます。

つまり、収入や地位、セックスに関する評価、何かができる・できない、という能力など。そういうものに関して責められたり、人と比較されたりすると「男としてのプライド」が保てず、傷つき、怒りを感じ、それを言った相手に対し、不信感を抱きます。

「こんな安月給じゃあ幸せな生活なんてできないよ」

「昔の彼のセックスのほうがよかった」

「あなたと結婚したのは失敗だったかも」

これはどれもかなりきつい言葉です。

◇女性に言ってはいけない言葉

一方、女性の場合はパフォーマンスに関することよりも、**自分と相手とのつながりが感じられないこと、拒否されたり関心を持たれていないと感じることに傷つきます。**

パートナーが、自分の立場に立って共感的に話を聴いてくれないという不満を多くの女性は持つものです。

「そんなこと自分で考えろよ」

「グチグチ言ってたってしょうがないんだから、結局どうしたいわけ？」

などと言われると突き放されたような気持ちになります。

毎日の服装や食事の工夫などちょっとした変化に対して、コメントや言葉がないことも、深く傷つくことにつながります。

これらは、女性にとって「存在を認められていないこと」と同じになり、自尊心が傷つけられるのです。

男性は「能力を否定する言葉」、女性は「つながりを感じられない言葉」に傷つく

24

「マンネリ」知らずのカップルになる方法

「安定しているけれど、ふとしたときむなしさを覚える」

「このままでいいの？　これって本当に幸せなの？」

そんな焦りを覚えたら……。


カップルの間でよく聞かれる「マンネリ」。

雑誌などで特集記事が組まれるほど、どんなカップルにも一度は訪れます。

これは、前述したように、**「相手のことはなんでもわかっている」という思い込みから、関係に飽きたり、刺激がないと感じることが原因のひとつ**です。

本当は日々さまざまな変化が起きているのに、それに気づけず、いつも同じに見えてつまらなく感じてしまうのです。一日たりとも同じ日はないのですから、自分の観察力を磨くことで、実はいくらでも新しい発見が得られます。

また、自分自身の相手とのかかわり方も相手にとって飽きがくるようなワンパターンになっていることも多いもの。相手の〝新しい一面〟を刺激するかかわり方ができていないと、相手からもいつも同じ反応しか返ってこなくなります。

「近頃なんだかマンネリ……」と感じるときは、自分の生活や相手に対するかかわり方を見直してみましょう。

新しい興味を発見して、自分の中の引き出しを増やしたり、人間としての幅を広げることをする。

相手が疲れた顔をして帰ってきたら、「おかえり」と言うだけでなく、「ちょっと肩もみしようか」と言ってみる。

そうすると、いつもとは違った反応が返ってきたり、思いがけない変化が二人の間に起こることも。

そんな小さな変化を、まず自分から起こしてみることです。

中には、「自分自身の生活が単調になっていたことが、相手への不満にすり替わっていたことに気づいた」という人もいました。

「マンネリ」な関係から抜け出すためには、相手に新しい刺激を求めるよりも、自分自身が小さな変化を起こしたほうが効果的かつ確実なのです。

「マンネリ」とは、多くのカップルが経験するものですが、自分の工夫で変えていくことができるものなのです。

マンネリから抜け出すために、まず自分から変化してみる

「相手の好きなところ」はどこですか？

「ケンカばかりで疲れた……」
「もう別れたほうがいいのかも」
別れを決意する前に、こう考えてみてください。

どんなカップルでも、出会ったときは互いの「ここがいいな」という部分を見つけて好きになり、いいことも悪いことも一緒に乗り越えてきたことでしょう。

ですが、トラブルを抱えてカウンセリングにくるカップルは、その当時のことをすっかり忘れていて、目の前のケンカや相手の欠点ばかりに目がいってしまい、「こんな人とはもう一緒にいられない」と言います。

そんなときにする質問が、

「ところで、結婚した頃（つき合いはじめた頃）は、どうだったんですか？」

というもの。

そう聞かれたカップルは、「どうしてそんなことを聞くんだろう」というように、とまどった表情を浮かべたり、口に出さなくても〝バカらしい〟という顔をすることもあります。ですが質問を重ねるうちに少しずつ昔のことを思い出し、こんなふうにムードが変わっていくのです。

カウンセラー（以下「カ」）「ところで、お互いにどんなところにひかれて結婚したんですか？」

夫「どんなところって……。そうですねえ、彼女と一緒にいると楽しかったですね。自分はどちらかというと無口なほうなんですけど、彼女は結構おしゃべりで、話を聞いてて飽きなかったですね」

カ「なるほど、それが結婚の決め手になったんですか？」

夫「そうですね。結婚したら毎日楽しく生活できるかな、とは思いましたね」

カ「そうですか。それが、最近はそう思えなくなってきたんでしょうか？」

夫「まあ、そうですね。私が仕事から帰ってくると、待ち構えているっていうか、こっちは疲れて帰ってきたのに、子どものこととかママ友のこととか愚痴ばっかりで、聴いていても楽しくない話ばっかりで」

カ「それでちょっと避けたくなる？」

夫「正直言うと、そうですね」

カ「奥さんはどうなんでしょう。ご主人のどんなところにひかれたんですか？」

妻「この人は確かに無口っていうか、自分からはあまりしゃべらないですね。それは昔も今も変わりません。でも、前は私がどんな話をしてもよく聴いてくれて、一緒にいて安心できたっていうか、頼れる人だなって思ったんですけど」

カ「あまりしゃべらないことは気にならなかったんですね。最近は？」

妻「もう少し話を聴いてほしいし、私が話すだけじゃなくて、彼にもいろいろ話してほしいと思うんですけど、『何か話したいことないの？』って聞いても、『いや、別にこれといってないけど』としか言わなくて」

カ「なるほどそうですか。

ご主人は奥さんがおしゃべりなところが気に入ったけれど、今はそれにどうつき合ったらいいかわからないし、奥さんは奥さんでご主人の無口なところにひかれたけれど、今はそこに物足りなさを感じているんですね」

具体的に質問をすることで、二人は「そういえば、どうして結婚したんだっけ？」と思い出す努力を始め、

「そういえば、この人はこんなところがよかったんだな。こういうところを自分は好きになったんだよね。それと今不満に思っていることって実は同じことなんだな」

とあらためて発見します。

実際にトラブルに見舞われているときには、いいことは見えにくいもの。

しかも、「今目の前で起きている問題」が、二人の関係のすべてであるかのように勘違いしてしまいます。

でも、本当はそうではないのです。

二人のいいところを認め合って、幸せだった時間があったはず。

そのときのいわば**初心に立ち返ってみると、あらためて相手のよさを思い出し、お互い心が少しなごんで、狭くなっていた視野が少し広がります。**そうすれば、

「それじゃあ、今のこの状況をなんとかしよう」

「あの頃のように、なんとかできるかもしれない」

と思えるようになるでしょう。

そのように、**「つき合い始めたばかりの頃、相手のどこが気に入っていたか」や「なぜ結婚しようと思ったのか」などといった質問をしたとき、それがはっきりとわかって出てくれば、二人の関係を修復できる**可能性が見えてきます。

ときには、なぜつき合ったのか、なぜ結婚したのかを質問しても、「まわりの人たちがみんなカップルになっていたから」とか、「年齢的に結婚しなきゃと思ったから」とか、「親がうるさかったから」「家を出たかったから」といった返事が返ってくることもあります。

事情はさまざまかもしれませんが、そうであれば今のパートナーとの葛藤は相手の

問題ではなく、自分自身の選択の問題として考え直したほうがいいでしょう。

そうではなく、「相手のここが確かに好きだった」「こんないいところがたくさんあった」と言える二人であれば、**ふだんはそのことを忘れていたとしてもいい**のです。

ただ、**相手に対する不満や愚痴がつのってきたとき、ときどきは「この人のどんなところが好きだったかな」と思い出してみてください。**

相手のイヤなところは、
もともと好きになったところかも

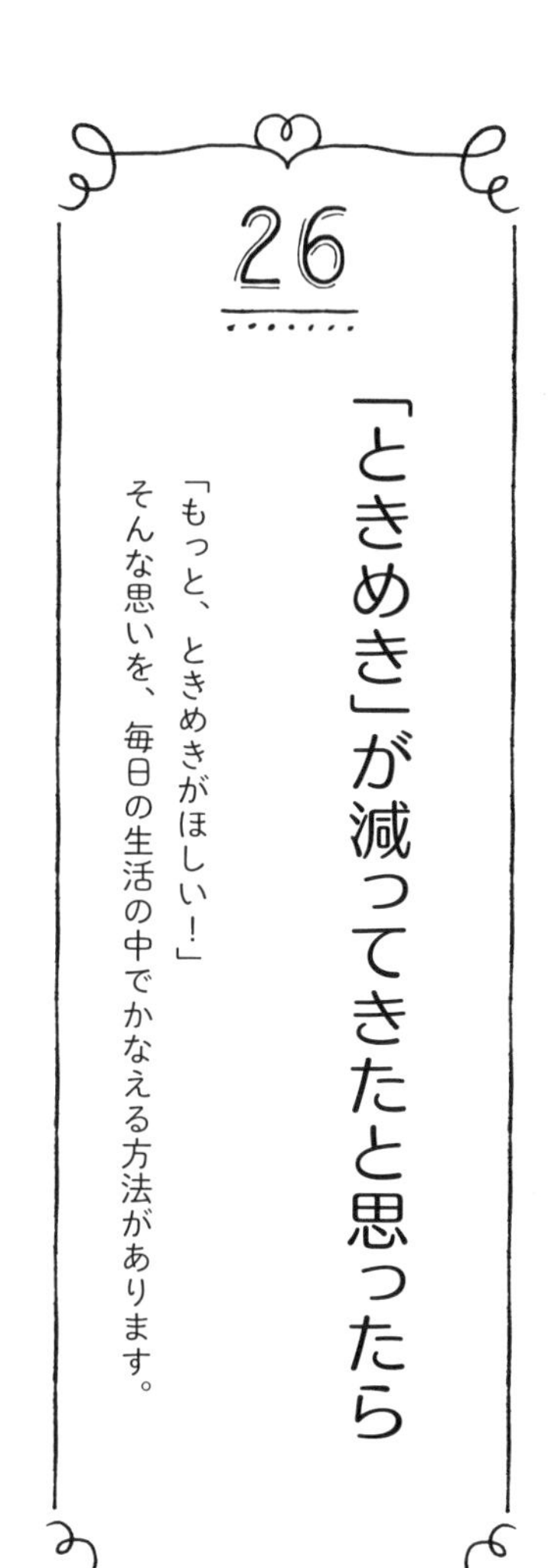

26

「ときめき」が減ってきたと思ったら

「もっと、ときめきがほしい！」
そんな思いを、毎日の生活の中でかなえる方法があります。

恋愛の初期にはあったのに、つき合いが長くなるにつれ、「ときめき」がなくなるという話をよく聞きます。

「ときめき」というと、初恋のようなドキドキ感だけが想像されます。

ですが、そういった恋愛の始まりの頃の感情だけではなく、言葉を換えると、何年も一緒にいる**相手をたまに改めて「ああ、やっぱり、ちょっといいな」と思う瞬間も「ときめき」といえる**のです。

それは「ありがたいな」「いとおしいな」と思う気持ちかもしれないし、「バカだなぁ」と、クスッと笑ってしまうようなことかもしれません。

仕事で正念場を迎えているときに、パートナーが「がんばっていてえらいね」とひと言、声をかけてくれた。

新しい洋服を着て出かけたら、「今日のその服、素敵だね」と言ってくれた、など日常生活の中の本当にささいなことです。

そこに気づくためには、やはり相手に関心を持っていることが必要です。

それに加えて、**気づいたときには、相手にきちんと伝えること。**

いちいち言うほどのことではないと思ったり、今さら照れくさいと思うかもしれませんが、**「ありがとう。おかげでがんばれるよ」「ほめてくれてうれしい」といったひと言を添えてみてください。**

ささいな言葉であっても、それを伝えられた相手は心が動くでしょう。

そういったことが積み重ねられる人は、年月を味方につけて、10年後、20年後に今よりも深い愛情で結ばれることができるのです。

記念日に素敵なレストランに連れて行ってくれた、花束をプレゼントしてくれたなどのインパクトの強い刺激も大切ですが、相手のささやかな「よいところ」「気遣い」「努力」に目を向けるほうが、実は自分の心も満足します。

記念日は一年に数回もきませんが、「小さなときめき」は、ときどき見つけることができますし、そのたびに「刺激」があるからです。

小さなもの、こまやかなもの、見えにくいものをいかに見つけるか、感じとるか。

そうしたセンスを磨くことが、よい関係を長続きさせるコツといえます。

インパクトの強いことよりも、ささやかなひと言を大切に

27

「〝愛情が重い〟と言われてしまいます」

〝君の気持ちが重い〟と言われたことがある人は、こんなことに気をつけてみるといいでしょう。

大切に思うパートナーに対して、「思いが強すぎる」「愛情が強すぎる」ことが原因で、相手の心が離れてしまうことがあります。

パートナーに対して愛情をたくさん注ぐことの何がいけないの！　と思われそうですが、**愛情とは「与え続けること」「つねに相手を中心に考えること」がいつでも正しいとは限りません。**

「いつでも〝大好き〟という気持ちをわかってほしい」

「できるだけ一緒にいたい」

と思うことはつまり、**「自分の愛を受けとってほしい」を優先していて、相手の状況や思いを冷静にくみとれていないこと**になります。

そうなると、相手のほうは「重い」「窮屈」と感じて、どんどん離れようとする。

それを感じてさらに近づこうとして、相手はいっそう離れようとする、追えば追うほど離れようとする……という悪循環が生まれます。

相手への思いが強すぎると、相手との〝違い〟や〝距離〟に必要以上に不安になってしまい、相手に対する思いが「執着」や「依存」になってしまのです。


興味深いことに、「相手との一体感を求める人」は、「離れたがる人」をパートナーに選ぶことが多い傾向があります。両方ともが一体感を求めるタイプでは窮屈になってしまうことを本能的に知っているのです。

しかし、自分と異なるタイプを選ぶと、窮屈にはならないものの、相手が自分と違うことを責めたり、二人が違うことがつらくなったりします。

これは、夫婦がうまくいかなくなるパターンのひとつで、カップル・セラピーでは「愛情飢餓の妻と、冷淡な夫」といわれます。

最近のカップル・セラピーの中では、「怒れる女性と引きこもる男性（angry women, withdrawn men)」ともいわれています。

もし、「自分に当てはまる」と感じたなら、

「近づきすぎるから相手が離れるのかも」
「まず、近づきすぎるのをやめてみよう」

と、とらえ直してみてください。

〃相手から愛されていないのでは〃〃もっともっと愛情を注がなくては〃、という気持ちが落ち着き、やがて「もっと愛情表現したいけど、相手にとっては受け止めきれないほど多すぎるかもしれない」と、自分の気持ちをコントロールすることもできるようになるでしょう。

そうなれば、相手は「おや、いつもと何かが違う」とあなたの変化を感じとり、自分から「今週末は空いている？」だとか、「今日は早く帰って一緒に食事しよう」と近づいてくるかもしれません。

いつもはあなたから近づく一方だったのが、今度は相手のほうから一歩、歩みよってくることになるのです。

二人の関係の固定化した「パターン」は、自分のかかわり方を変えることで、少しずつ変えていくことができます。

「相手が受け止められる愛情の量」にコントロールすることも大事

「もう愛されていないのでは」「もう愛していないのでは」

近頃、相手が冷たい気がする。
相手のことが本当に好きなのかわからなくなってきた。
それは、誰にでもあることです。

ところで、あなたは〝愛情〟というものに対して、どんなイメージを抱いているでしょうか。

愛情とは、「情熱的な関係」がいつまでも続くようなものではありません。

小刻みに上下をくり返し、ときにはものすごく大きくはね上がったり、ガクンと下がったりしながら、続いていくものです。そんな揺れ動くグラフを描きながら、なんとか関係を続けていくことが、「愛情を育む」ということなのです。

「愛情」は上がったり下がったりして育つ

「ずっと高いところで、まっすぐの1本の線になっているグラフ」を愛情の理想としていると、不満も悩みもつきないでしょう。

「でも、友人のカップルはいつ会っても、本当に幸せそうで愛されているのが伝わる。それなのに私は……」

「私の両親は本当に仲がよくていつも思い合っていた。あんな夫婦になりたいのに、今の彼では無理」

など、他のカップルと自分たちを比べて、「いつも幸せそうなカップルもいるのに」と思うこともあるかもしれません。

ですが、幸せなカップルのあり方は、人

それぞれです。

本当に、カップルがなんの問題もなく、毎日幸せでお互いのことが大好きで……という日々を送っているのかは、誰にもわかりません。

もしかすると、小さないさかいをくり返しながら日々生活しているかもしれませんし、平穏に過ごしていたカップルが何かのきっかけで大ゲンカに発展して、そのまま別れてしまうこともあります。

一方で、ときに大ゲンカをしながらも、お互いをかけがえのない存在として認め合っているカップルもあります。


「この人は私のことがもう好きじゃないのかしら」

「私はこの人のことが本当に好きなのかしら」

と思ったら、

「これは、どんな関係でも起こること。今は、そういう時期」

と考えましょう。

そして、まず、自分の愛を確かめてみることです。**自分が相手に多くを求めすぎていないか、理想が高すぎないか見直してみるのです。**

不満や不安に振り回されないで気持ちよく過ごすために、まず自分が落ち着くことです。

愛情はアップダウンをくり返しながら育むもの

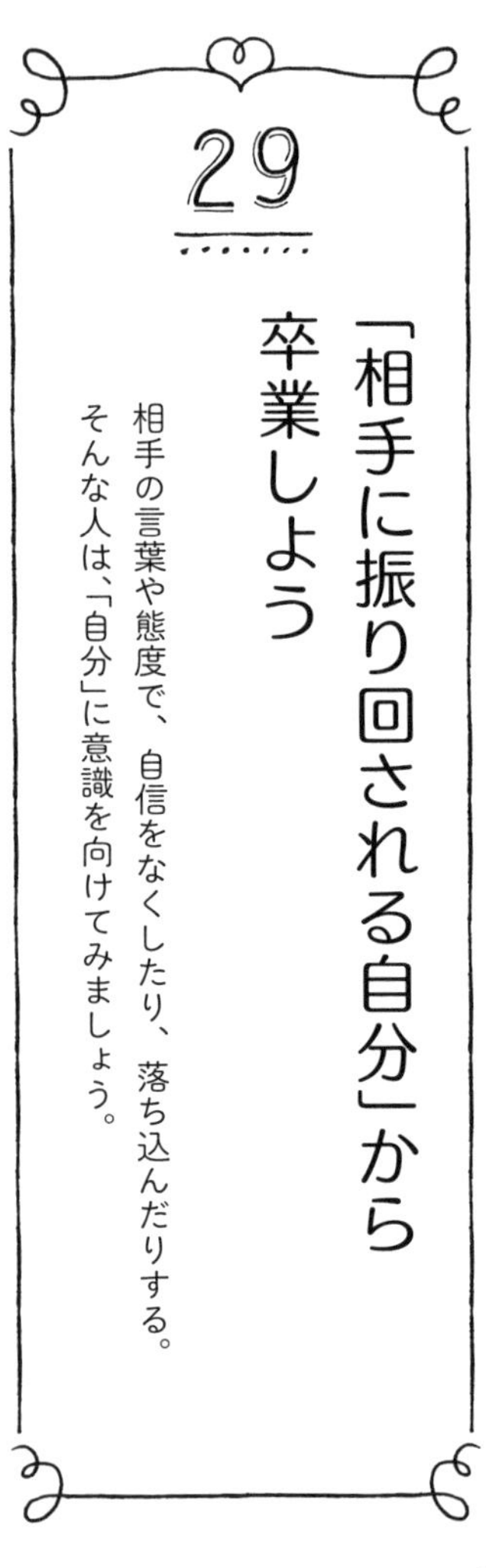

29

「相手に振り回される自分」から卒業しよう

相手の言葉や態度で、自信をなくしたり、落ち込んだりする。そんな人は、「自分」に意識を向けてみましょう。

相談に来た方の中に、同じ言葉を言われているのに、まったく違った反応を返す方々がいました。

「私、この間、彼から〝○○は、俺にとって空気のような存在だから〟って言われたんです！」

「先生、パートナーから〝空気のような存在だから〟と言われたんです……」

前者の女性は、「空気みたいということは、なくてはならない存在だということ。相手が自分と一緒にいることで、自然体でいられるということ。そう思ってもらえてとてもうれしい」と言っていました。

そして後者の女性は、「空気みたいな存在ということは、いるのかいないのかわからないということ。私のことを見てくれてない、大事にされていない、ないがしろにされていると感じる」「私はいてもいなくてもどうでもいい」というわけです。

この対照的な二人を見ていると、パートナーとの関係を決めるのは、やはり〝自分〟なのだということを実感しました。

後者の女性のように感じてしまう原因は、多くの場合、「自分に自信が持てないこと」にあります。自分に自信がないため、相手の言うことに一喜一憂してしまうのです。

自分ではコントロールできない「相手のその時どきの感情、発言、行動」に振り回され続けるのですから、不安、寂しさ、悲しさ……といったマイナスの感情に支配されてしまうのも当然です。

極端な例になると、自信がないから相手にしがみつき、それでダメになったら、また次の相手にしがみつき……ということをくり返してしまう危険性もあります。

恋愛や人間関係でカウンセリングにくる人に、よく言う言葉があります。

それは、

「あなたが自分を実際以上によく見せることなく、相手に媚(こ)びることなく行動していて、それを見て好きになってくれる人が大切」

ということ。

つまり無理をして本当の自分以上の自分を演じて好きになってもらっても意味がないし、逆に自分を卑下して相手に媚びることも間違っている。

あなたが、あなたらしく、自分そのもののままでふるまっていたとして、相手は好きになってくれるかもしれないし、もしかしたら気に入らないかもしれない。

それは仕方のないことです。

「欠点もいっぱいあるけれど、いいところもある自分を知っていること」

「長所も短所も自分が公平に見えていること」

そうすると、自分がラクになります。

心の中に占めている相手の比重がぐっと小さくなって、〝自分がどう感じるか〟という割合が増えます。

「相手に嫌われたらどうしよう」「もう愛されていなかったら」という不安が薄れ、「自分はこの人と一緒にいて心地いいか」「自分は幸せか」という視点を取り戻せます。

相手に振り回される状態から抜け出し、安定感を取り戻すことで、パートナーとの関係も、心地いいものに変わるでしょう。

自分の長所も短所もきちんと公平に見ること

第4章

今、「結婚を考え始めた」あなたへ

――相手のどこを見て何を考えておくべきか

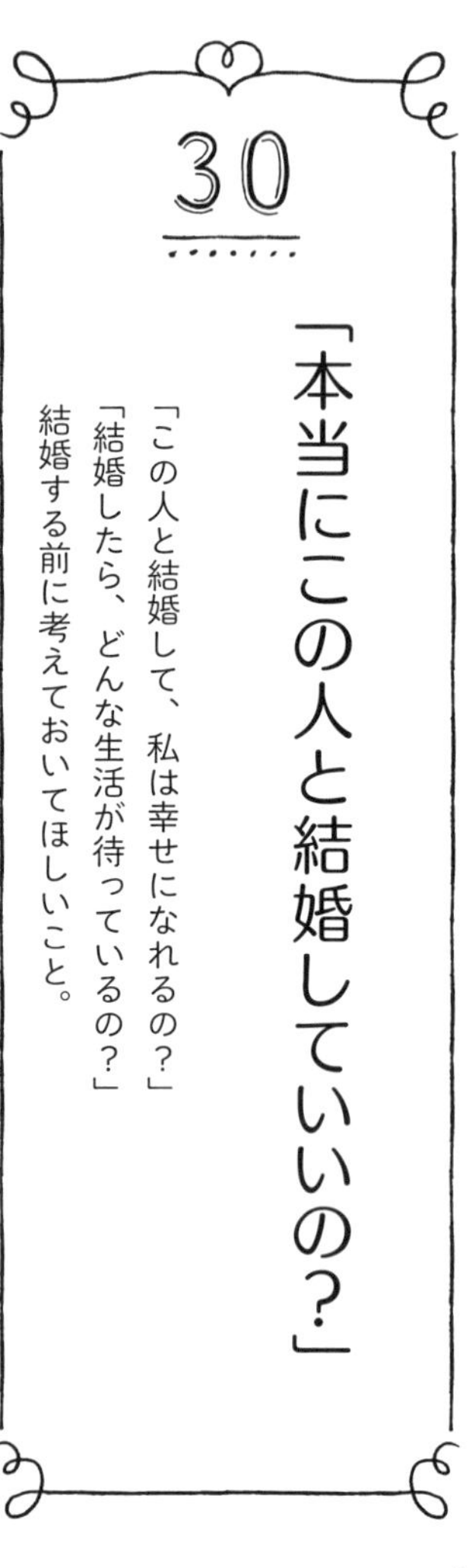

30

「本当にこの人と結婚していいの？」

「この人と結婚して、私は幸せになれるの？」
「結婚したら、どんな生活が待っているの？」
結婚する前に考えておいてほしいこと。

恋愛時代を経て、結婚を考えるとき――。

悩みすぎて一歩も前に進めなくなってしまうのは考えものですが、そのときこそ「考えておくべきこと、大切にするべきこと」があります。

そこをおろそかにしてしまうと、せっかく結婚しても、その後の二人の生活にマイナスの影響が出てしまうことも少なくありません。

恋愛も結婚も、相手あってのもの。

「この人は私を幸せにしてくれるだろうか？」

「専業主婦になりたい。この人で大丈夫？」

「将来は自分の実家の近くに住みたい。子育てするなら年収だってこれくらい必要。本当に結婚してもいい？」

と、さまざまなことを考えると思います。

このとき、**多くの人が陥りがちな落とし穴は、〝相手〟にばかり焦点を当ててしまうこと。**

結婚後、ケンカが絶えないカップルにも共通することですが、〝相手が自分に何を与えてくれるか〟〝相手がどうなのか〟といったことに目を奪われていると、思い通りにならないことが起こったときに、ストレスをいっそう強く感じます。

基本は、〝自分はどうなのか〟ということです。

恋愛が始まったときから、結婚に至るまでの間に、一番やってほしいことは、実は相手を見定めることではなく〝自分を知ること〟なのです。

「なぜ専業主婦になりたいんだろう。家庭を守りたいから？　ラクだと思うから？」

「私は結婚相手とどういう関係を築きたいんだろう」

「どんな人生を送っていきたいんだろう」

「パートナーがもしリストラにあったら、私には何ができるだろう」

と考えて、相手に向いていた意識を自分に引き戻すと、自分が本当は何を求めているのか、大切にしているのかが見えてくるでしょう。

もしかしたら、今はまだ結婚するよりも、仕事をもっとがんばりたいことがわかるかもしれません。

あるいは、「幸せにしてもらうこと」ばかり考えていて、幸せな夫婦になるための自分の責任については考えていなかったことに気づくかもしれません。

そうすると結婚を焦る気持ちがなくなり、もう一度結婚について考え直す余裕が出てくることも。

また、「この人は私と結婚する気があるの？　ないの？」と悶々とするよりも、相手と話し合ったり、今、一緒にいるパートナーとの関係を深めるためにエネルギーを使うことができるかもしれません。

不安にとりつかれたり、わけもなく焦るときは、「相手」に焦点を当てすぎている証拠。〝私〟に立ち戻りましょう。自分の気持ちや価値観が確かめられ、自ら前に進めるでしょう。

結婚に対する自分の価値観と、自分は何ができるかについて考える

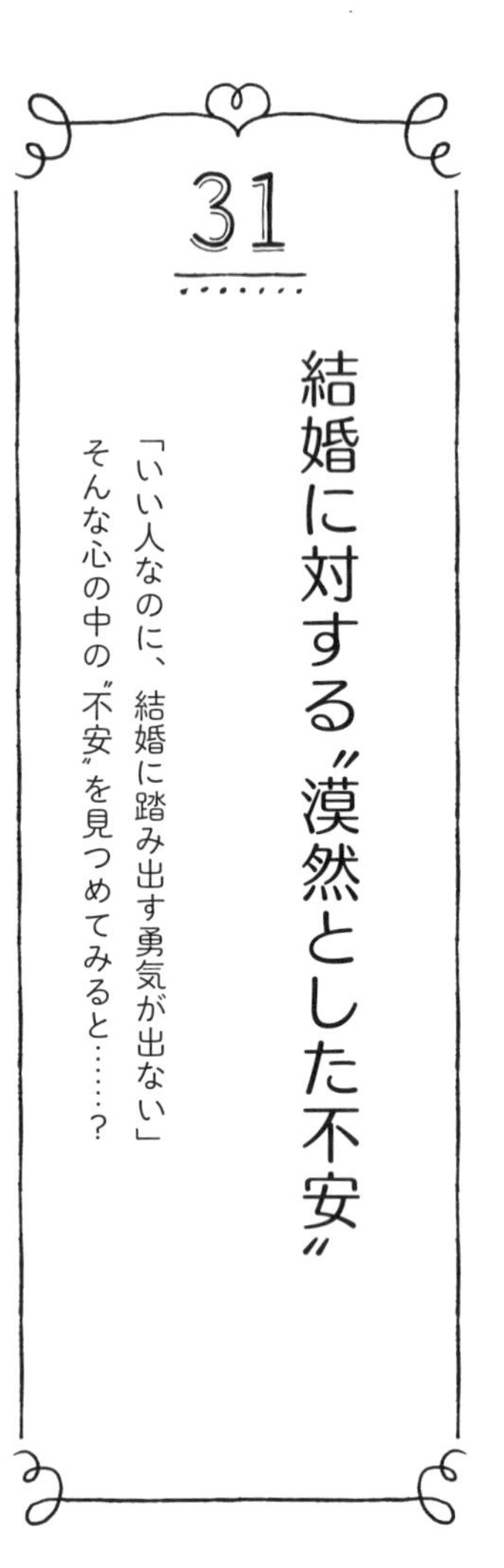

31
結婚に対する〝漠然とした不安〟

「いい人なのに、結婚に踏み出す勇気が出ない」

そんな心の中の〝不安〟を見つめてみると……？


パートナーとは長くいい関係が続いている。

ずっと一緒にいて心地いい。

なのに、このまま一生二人でいると思うと漠然とした不安を感じる……。

そのように心のどこかに引っかかりを覚えるとしたら、**お互いに「いい面ばかり見せようとしすぎていないか」**振り返ってみてください。

あるいは、関係が悪くなることを恐れるあまり、**ケンカや争いごとを避けようとし**

ていないでしょうか。

恋愛中は、相手にいいところばかりを見せようとするものです。

たとえば男性なら、一生懸命デートコースを考えて、かっこよく相手をエスコートしたり、女性ならば、優しいところだけを見せたり、料理で相手の〝ハート〟をつかもうとしたり……。

相手を獲得するためにがんばってしまったり、その場の楽しさや面白さに流されて、言いたいことを我慢してしまったり、本当は気になっていたことを相手に確認せずに流してしまったり。

恋愛中はそれでもうまくいくかもしれません。

でも、見て見ぬふりも我慢も何年にもわたって続けることはできません。

「こんなふうに無理してがんばっている自分を見て、『いい』と思って結婚を決められちゃったら、困らない？」

「今言いたいことを我慢して、何年もたってから、どうしようもなくなってしまったらどうするの？」

そんなふうに自分に問いかけてみるのです。

二人でできるだけ考え方や思いを伝え合う練習をして、ときにはケンカや仲直りをしておくこと。その練習ができていれば、長く続く関係を育んでいけるでしょう。

今まで避けていた争いやケンカが頻発したり、お互いにいいところばかりを見せられなくなってきたときこそ、二人の関係をきちんと構築し直すチャンスです。

相手の何に引っかかっているのか、相手はあなたのどこにストレスを感じているのかを話し合うことです。

ここで互いにきちんと向き合うことで、この先、10年、20年と幸せに過ごせるカップルになることができるのです。

相手に自分の「いいところ」ばかり見せようとしていませんか？

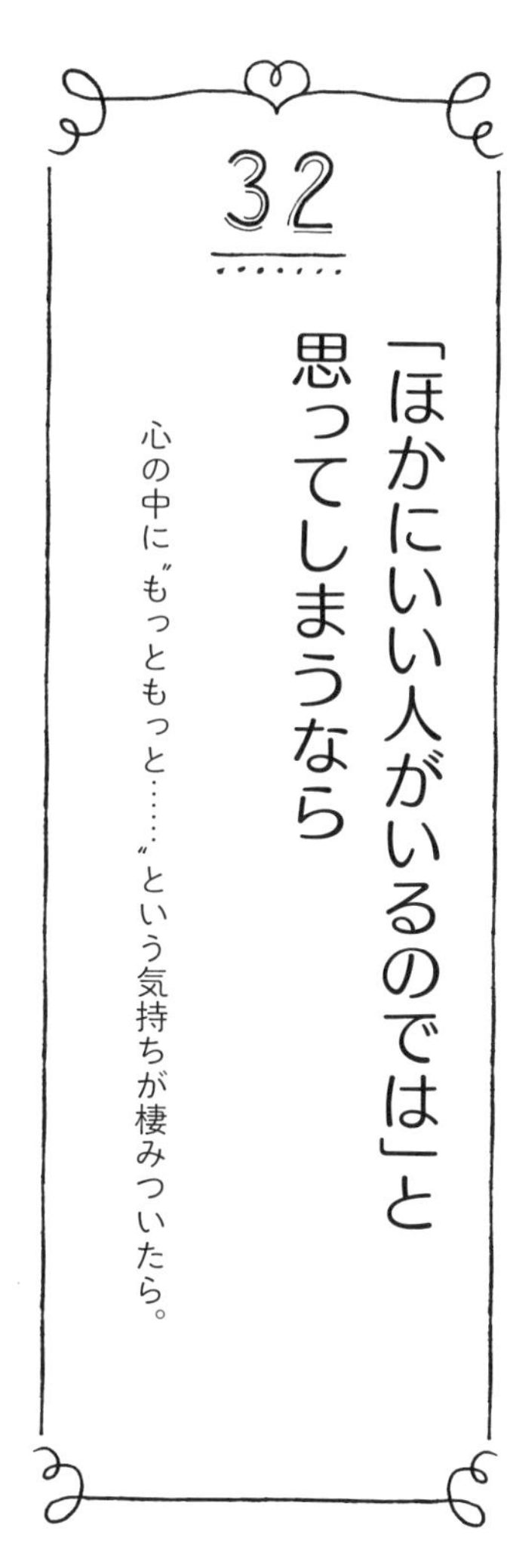

32

「ほかにいい人がいるのでは」と思ってしまうなら

心の中に〝もっともっと……〟という気持ちが棲みついたら。

長年つき合っているパートナーがいる人や、今現在のパートナーとの結婚生活を考えている人は、

「私が結婚するべき相手は、この人じゃないのかな。もっといい人がいるんじゃないだろうか?」

そんなふうに思ってしまうこともあるでしょう。

この「もっといい人がいるのでは」という思いはなかなかやっかいです。

そんなぼんやり漠然としたイメージや希望が強いと、なかなか結婚を決められないまま、同じような別れをくり返してしまうことも少なくありません。

自分では「平凡でもいいから、幸せな家庭を築きたい」と思っているつもりなのに、友達から「あなたって理想が高すぎるのよ」と言われるようなタイプです。


こうした人の心の中を見てみると、自己愛が強すぎる人、もしくは逆に自分に自信がない人、または、その両方を同時に持っていて「自分に自信はないけれど、自分を大事にしすぎている人」もいます。

自己愛が強く、自己評価が高すぎる人は、「この人は私につり合わない。もっといい人がいるのでは」と思いがちです。

一方、自信がなくて自己評価が低い人は、相手に求める気持ちが強いために「もっと安心できるいい人がいるのでは」と考えます。

自分が小さく、力のある人に守られたいと思い、より確実に自分を引き上げてくれる人、頼りになる人を求めてしまうわけです。

「自分の力」で何とかなることがこんなにある！

いずれのタイプにしても、その**根底には「誰かに幸せにしてもらいたい」という強い思いがあり、結婚相手を決めることができない要因になる**のです。

「結婚してから続く長い生活が、相手しだいで天国にも地獄にもなる」と考えると、誰だって怖くて結婚相手は選べません。

そこには、過度の依存心と無力感があるのです。

「相手から幸せにしてもらおう」ということは、自分が幸せになれるかどうかのすべての責任を、相手に負わせてしまっているということ。

一見ラクそうですが、実は相手に翻弄(ほんろう)されることにつながり、不安や不満を持ちやすい考え方なのです。

「結婚生活がうまくいくかどうか、責任の半分は自分にある」と考えると、幸せになるまでの道筋の半分は、自分の力でなんとかできることになります。

こう考えると、実は相手に100％ゆだねてしまうよりも、心が軽くなります。

「責任」というのは、責められたり押しつけられたりするものではなく、「自ら自分の分担を引き受ける」ということだからです。

結婚相手に迷ったとき、「この人で本当にいいの？」と思ったときは、**「どんな結婚生活になるかは半分は自分しだい」と考えると不安や焦りに支配されずにすみます。**

最後につけ加えるなら、

「確かにこの世には〝今の相手よりもいい人〟はたくさんいるかもしれない。それと同じく、相手にとっても〝あなたよりもいい人〟はたくさんいるかもしれない」

ということ。身もフタもないと思われるかもしれませんが、これが真実。

相手の物足りないところばかりが目につくときは、自分自身を見失っているときなのです。

「私にはこんなダメなところもあるけれど、私は私なりにできることもある」というように、自分を振り返り、自分を客観的に見るようにしてください。

そうすると、自然と相手のいいところ、悪いところがどちらも平等に見えてきて、冷静な判断をすることができるでしょう。

結婚してうまくいくかどうか、半分は「自分しだい」

33

「前につき合っていた人が忘れられない」

「あのとき、あの人と別れていなければ……」

取り返しのつかないこととわかっていても、そんな考えで頭がいっぱいになってしまったら。


結婚について考えるとき、こんな悩みを持つ人も多いようです。

「今つき合っている人がいるのですが、以前の彼のことが忘れられず、自分が誰を本当に好きなのかわからないんです」

新聞の投書欄、雑誌の相談コーナーから女性誌の特集まで、このような質問が実に数多く寄せられています。

その心の中をのぞいてみると、

「今つき合っているAさんは、大好きかどうかはわからないけれど、結婚相手としては申し分ない人。けれど、長い間つき合っていた前の彼のBさんから突然連絡があって、やっぱりヨリを戻したほうがいいんじゃないかとも思っている。

でも、Bさんはつき合ってて最高に楽しかったけれど、あんまりお給料がよくないのよね……。

その点、Aさんにはときめかないし、話はあんまり面白くないかもしれないけれど、なんといっても一流企業勤務のエリート。

恋人としては楽しくないけど、結婚相手としては現実的よね。ちょっとくらいつまらない相手でも、やっぱりお金と安定は捨てがたい」

こんな女性の心のつぶやきは打算的なように聞こえますが、これは結婚を考える女性にはよくある本音なのではないでしょうか。

この女性が、大好きだけれど恋人止まりのBくんと、結婚向きのエリートAさんを

〝仕分け〟している尺度は、「条件」です。

結婚を〝生活〟と考えるならば、収入が不安定なBくんよりも、一流企業の正社員で安定したAさんのほうが確かに経済的な「条件」はいいでしょう。

Aさんと結婚したら経済的に豊かで安定した生活が待っている。確かにお金は生活に欠かせない、大切なものです。


ですが、**もしも、その「条件」が変わったとしたら？**

今は経済的に安定していても、Aさんが病気になることもあればリストラされることも、会社が倒産することもあります。極端な話をすれば、若くして亡くなってしまうことだってあるでしょう。

そうなったら結婚の決め手となった「条件」は崩壊し、「こんなはずじゃなかった！」と思うに違いありません。

そう考えると、経済的な安定といった「条件」だけで結婚を決めることの問題が見えてきます。

誰かとの結婚を考えるとき、少なくとも今の「条件」がなくなったときのことを考えてみましょう。

今、結婚を考えている相手の会社が倒産してしまい、無収入の時期があるとします。次の仕事がなかなか見つからないかもしれませんし、見つかったとしてもそれまでと同じだけの年収があるとは限りません。

それでも、結婚に踏み切るかどうか。

今の彼を選んでも、前につき合っている人を選んでも、責任を負うのは自分自身なのです。

今の相手の〝好条件〟が、ひとつ減ったときのことを考えてみる

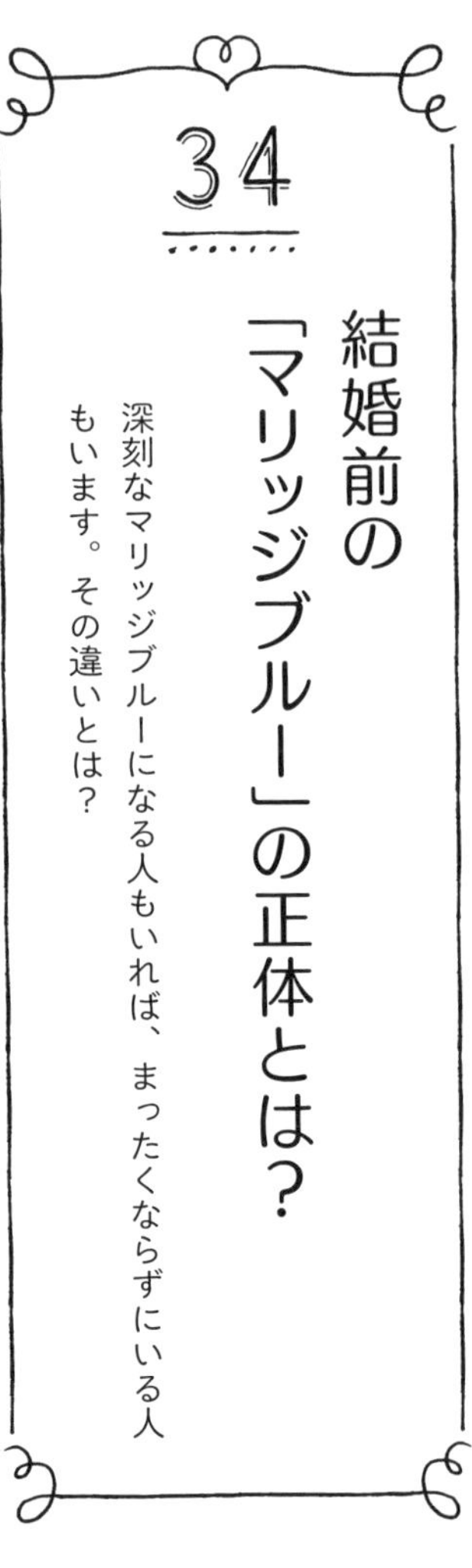

34

結婚前の「マリッジブルー」の正体とは？

深刻なマリッジブルーになる人もいれば、まったくならずにいる人もいます。その違いとは？

「マリッジブルー」という言葉があります。
結婚に対して不安や憂うつを感じてしまう状態のことです。
マリッジブルーになる人の心の中には、たとえば、こんな思いが渦巻（うずま）いているのではないでしょうか。

「結婚するのはうれしいけれど、そのあとは友達ともそんなにしょっちゅう遊びに行けなくなるなあ。実家にだって頻繁には帰れなくなるだろうし……。

もしも、仕事を辞めたら、お金だってなくなっちゃう。そうしたら、もっと自由はなくなるし、買い物もできなくなっちゃうよね。

将来、子どもが生まれたら、きっと自分の時間なんて持てないだろうし。

なんだか失うものが多すぎる気がする……」


これは女性の心のつぶやきですが、男性だって同じこと。

こんなふうに考えているかもしれません。


「確かに責任を感じてプロポーズしたけど、考えてみたら結婚生活って大変そうだよな……。

今まで好きに使ってた給料が小遣い制になるんだろ？　結婚してる友達なんか、本当にいつも金がなくてキツそうだもんな。オレもああなるのか、イヤだなぁ。

それに自由もなくなって、飲みに行ったり、友達と遊びに行ったりする機会も減るんだよな。なんだか不自由になるなあ。あ〜あ、憂うつ……（ため息）」

このつぶやきは一例ですが、**結婚に対して不安を感じる人には、「いろいろなものを失ってしまう」という感覚があるよう**です。

結婚に限らず〝変化〟というものは人の心を不安定にする材料になりえます。

これは新年度になると増える「五月病」や、妊娠した女性がかかる「マタニティーブルー」などと同じ。〝環境の変化〟についていけないと、精神的に落ち込むことがあるのです。

では、結婚を前にした憂うつや、結婚後の変化による気持ちの落ち込みを上手に予防するためには、どうしたらいいのでしょうか？

結婚を前にした憂うつは「失うものばかりがクローズアップされて大きく見えていること」と「新たに手に入るものが見えていないこと」が原因です。

女性にしても男性にしても「自由を失う！」という感覚が強くありますが、実は結婚しなくても「自由」は失われていくものなのです。

まわりの友人や同年代の人は次々に結婚していき、今までと同じように遊ぶことは

「失うもの」と引き換えに「得られるもの」がある

できなくなります。子育ての話などになればついていけず、寂しい思いをするでしょう。親も老いていき、世話をしなければならなくなるでしょう。

そう考えると、結婚をすると「自由を失う」というよりも、「自由の形が変わる」といったほうが正確です。夫婦そろって誰かの家に招待されたり、また子どもを通して楽しむイベントも経験するようになるでしょう。

また、ひとりでいるときの孤独、不安、焦りという感覚をすっかり忘れていることもあります。

結婚する前までは、「一緒に生きていく

人がいる」という安心感は、何にも替えがたいものだと思っていませんでしたか？ **結婚してもうまくいくだろうか、失うものばかりなのではないか、と思ってしまったら視点を切り替えること。**

「確かに、これとこれとこれは失うけれど、その代わり、これとこれとこれは手に入るかもしれない」

「じゃあもし結婚しなかったとして、それで幸せになれるの？」

今の状況を少し離れた地点から見てみることで、結婚について考え直してみたらどうでしょうか。

「結婚しなければ手に入らないもの」を、もう一度考えてみる

相手に「引っかかること」があるとき

ちょっとしたクセや、軽い気持ちで言われたひと言。
そのときは流してしまったけれど、心の中でずっと忘れられないときは。

結婚前に、あるいは結婚してからでも、一緒にいる時間が長くなるにつれて相手に何か気になること、引っかかることが出てきたとしたら――。

そのときは、**まずその気になることは、今すぐに解決する必要があるか、そうしなくてもいいいか、を考えてみる**ようにしましょう。

それは、問題に気づかずに回避してしまったり、無視したりすることとは違います。

気になったことを**「これはこのままじゃいけないな。今のうちにどうにかしよう」と思うか、それとも「この先どうなるかわからないけれど、そのときに解決しよう」と思うのか。**

そんな選択と決心をすることが大切です。

今すぐに「これはダメだ。無理だ」と決めつけるのではなく、「このあと一緒に暮らしながら少しずつ変えてもらおう」と思えることもあるでしょう。

たとえば、料理や後片づけ、洗濯などの家事が苦手なパートナーだった場合。

「こんなに何もできない人では、結婚できない！」と言って別れてしまう人もいるかもしれませんが、「一緒に暮らし始めてから、自分が教えてあげよう」「一緒にやってもらえるように二人でルールを考えてみよう」と思えるのであれば、「今すぐに解決すべきこと」ではなくなります。

ただし、何か心に引っかかる点があったとしても、「結婚すれば、なんとかなる」と思い込むのは要注意です。

結婚してからお互いの努力で変えていけることはありますが、「結婚さえすれば、相手は心を入れ替えてくれる。変わってくれる」と安易に考えたり、そう思い込もうとすると、相手に対するいら立ちや失望がつのることになりかねません。

また、相手に関して引っかかっていることでも、「すぐには解決できない問題」も実はあるのです。

ある女性は、「二人ともが一人っ子であること」がどうしても気になっていて、結婚に踏み切れないと言います。

「一人っ子だから……」のあとに続くのは、「いつか親の面倒を見なくてはいけない」「二人とも実家は遠いし、私も仕事は辞めたくないし……」。

それらは、そのときに話し合って解決するしかありません。

親の面倒を見るときまでに、何が起こるかわかりませんし、自分たちのほうに先に何かあることだってありえます。この先パートナーの仕事や子育てなどで、環境はどんどん変化していくでしょう。

「とても尊敬できて思いやりのある人で、私にとってこれ以上の人はいないと思うんです。ただ、一人っ子というのが……」と先のことで悩んでも始まりません。「それはそのときになったら考えよう」といったん棚に上げ、パートナーやその家族と信頼関係を築くほうが、よほど前向きな解決策になります。

むやみに「不安になる」だけでなく、その問題を小さく分けてみると、「これは自分の力でなんとかできることだ」という道筋が見えてくることもあるのです。

今解決したほうがよいのか、あとで解決するしかないのか見極める

36

これだけは、目をつぶってはいけない

「結婚すれば、相手は変わってくれるはず」

そう思ったことはありませんか？　あとから後悔しないために、見落としてはいけないこととは。


前項で説明した状況に比べ、より**深刻なのは「信頼」にかかわること**です。

たとえば、パートナーの実家へ遊びに行ったとき、彼が両親の意見にばかり同調して自分の意見に耳を傾けてくれない。または結婚式の準備段階で、あからさまに妻となる自分よりも親の意見を大事にして、言いなりになっていた、など。

「えっ、本当？　これで結婚生活をちゃんとやっていけるの？」

「この人は本当に二人の生活や私のことを第一に考えてくれるの？」

そんな疑問を持ったら、きちんと話し合いましょう。

自分がとにかく「結婚」をしたくてたまらなかったり、結婚相手や親と表面的ない関係を保つことだけにとらわれていると、話し合うべき大切なことがあるのに見て見ぬフリをしてしまうことがあります。

女性ならば、「30歳を過ぎたから」「子どもがほしいから」「親がせかすから」「早く家を出たいから」「仕事を辞めたいから」……。

男性ならば、「そろそろ結婚する年齢だから」「独身だと仕事で信用されないから」「実家がうるさいから」……。

そんな理由で焦ってしまい、**「この人と結婚したい」ではなく、「とにかく結婚をしたい」と思ってしまうと、結婚してから相手との信頼関係を築いていくのは容易ではありません。**

結婚は、一生続くことであり、この先の人生にとって重大なこと。

離婚にはさまざまな理由が考えられますが、きちんと話し合うことを面倒くさがってしまい、そのとき「引っかかっておくべきこと」から目を背けてしまう人が多いのも理由のひとつではないかと思います。

相手の親との関係だけでなく、過去に浮気をされた、許せないことを言われた、暴力を振るわれた……など、**心の底に残っていることは結婚前にきちんと話し合っておきましょう。**

そうして互いに理解し合った上で結婚すれば、これから起こるさまざまなことを二人で乗り越えていく土台ができます。

万一、別れることを選んだとしても、**「自分の気持ちや結婚に対する価値観をきちんと相手に伝える」という経験は、その後のあなたの人生や人間関係を豊かにしてくれる**はずです。

相手を「信頼できるか」迷ったら、まずは立ち止まって話し合いましょう

37

結婚に夢が抱けないとき

「今までの生活と何が変わるのか」
メディアやネット上の情報に振り回されないために。

人が結婚について考えるとき、今まで見てきた自分の親の姿や、ＴＶや映画の中で描かれていた家庭像が大きく影響することもあります。

たとえば、父親が多忙で夜遅くまで働いている家庭。

ほとんど家にいない父親のことを、母親が「お父さんは遅くまでがんばって、お仕事をしているのよ」と子どもに話しているか、それとも「お父さんは仕事ばっかりしていて家族を大切にしない、休日は寝てばかりいるんだから」と言っているか。

それによって子どもが親に対して、結婚に対して持つイメージはまったく違ってきます。

親が結婚生活についてプラスイメージを語っているほど、子どもは「自分も素敵な相手と結婚したい」と思います。逆に、ケンカばかりしている親の姿を見ていると「結婚してもあんなふうになってしまうのか」と思ってしまいます。

現在、「結婚してもうまくいくイメージが持てなくて……」という人は、親や身近な人の結婚生活の影響を大きく受けているのかもしれません。中には「親になるのが怖い」と言う人もいます。

加えて、「子育てが難しい社会」「子育てにはお金がかかる」などのニュースを聞いて、ますます不安になってしまう人もいるでしょう。

でも、「結婚や子育てに明るい未来が描けない」と思ったときは、こう考えてみてください。

「親の結婚生活がうまくいっていないのは、親の問題であって、私の問題ではない」

「私が結婚して、うまくいくかどうかは私しだいだ」

自分の結婚生活をつくるのはあくまでも自分なのですから、**親や周囲の環境がどうあっても、「自分とパートナーがいかに力を合わせていくかにかかっている」**と思っていれば、周囲のことはあまり問題にはならないのです。

それでも不安なときは、幸せな結婚生活を送っている人たちに会ったり、話を聞くことで、〝希望〟を自ら探すことをしてみてください。

自分の中にある「幸せのタネ」に水を与え、育てることにつながります。

親の意見や周囲の環境よりも

「二人で力を合わせていけるか」がポイント

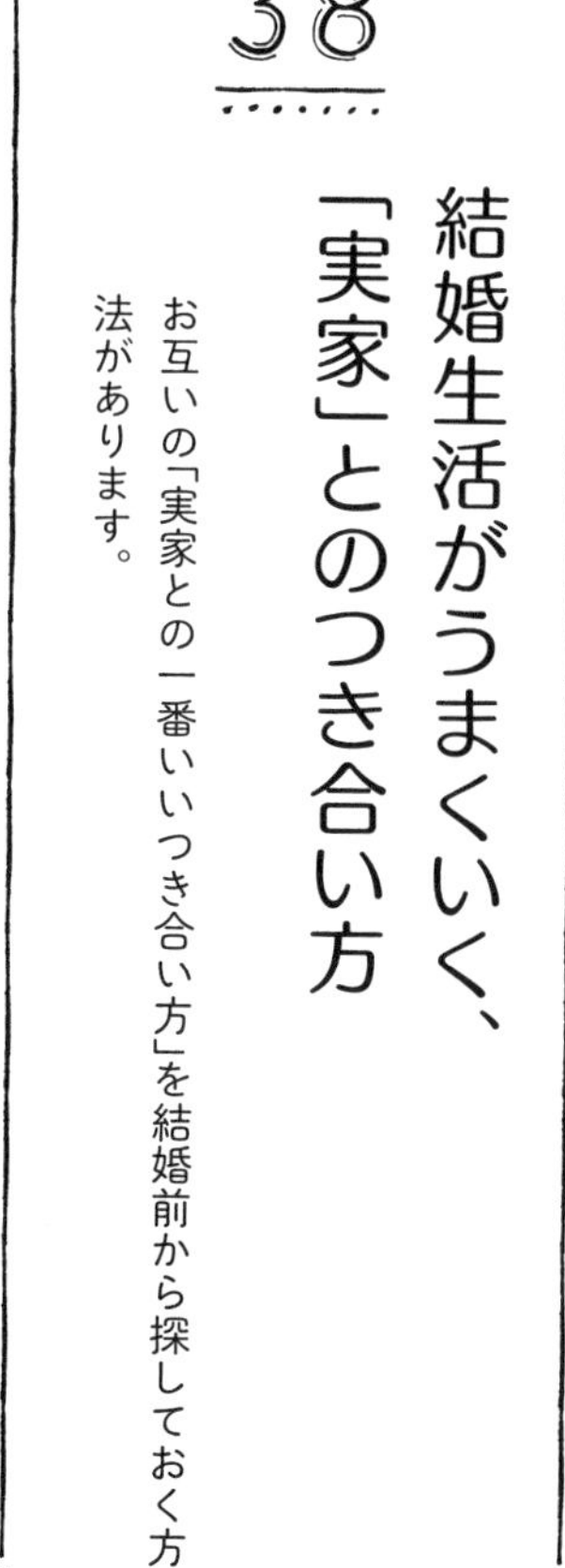

38

結婚生活がうまくいく、「実家」とのつき合い方

お互いの「実家との一番いいつき合い方」を結婚前から探しておく方法があります。

「実家との関係」は、カップルの間でしばしば問題になる事柄です。
パートナーが実家べったりで、ことあるごとに親の意見ばかり尊重する。
何かあると実家の肩を持ち、自分の味方についてくれない。
親がことあるごとに口を出してくる。
そんな悩みをよく耳にします。

そもそも親と子とは法律的に別れることができないもの。夫婦は離婚することができますが、親子はそういきません。そんな血のつながりに縛られすぎてしまい、「親は親、自分は自分だ」という感覚を持てないまま、結婚する人が増えているように思います。

互いの実家から自立したカップルであるかを知る手がかりとして、次のような質問をすることがあります。それは、

「あなたたちは、カップルで笑いながら親の〝悪口〟も言えますか？」

というもの。

悪口といっても、相手の親の人格を否定するようなものではありません。たとえば、こんなふうにです。

妻「実家のお父さん、またお母さんに家のこと全部押しつけて、友達とゴルフ三昧だって？　まったく、あなたのお父さんってしょうがないわね」

夫「そうなんだよ。まったく困った親父だよ（笑）」

夫「オレ、またおまえの母親に注意されちゃったよ。ほんとに、何かというと口出しするんだからなあ」
妻「ほんと、ほんと。おせっかいでひと言多いよね、あの人は（笑）」

こんなふうにお互いの親の欠点を軽く話せるのは大切なこと。

同意や共感をしながらお互いの親に対して不満を言えるのは、二人が自立していて、自分の家族のいいところも悪いところも、客観的に見つめられているということだからです。

でも、相手の親のことを悪く言ってはいけないとか、少しでも自分の家族に対して否定的なことを言われると、あたかも自分が批判されたと思ってしまう人も少なくないのではないでしょうか。

「親は相手を育ててくれた大切な人だから、何があっても悪く言ってはいけない」
「親を尊重してくれる相手こそ、もっともすばらしいパートナーである」

「親を大切に思っているのであれば、親の言うことは聞くべきだ」

結婚情報誌には、そのように書かれていることもよくあります。

自分が育ってきた家族はもちろん大切で、心から愛情を感じるものだと思います。ですが、互いの親の考え方と、二人の考え方や方針がぴったりと一致することはなかなかないでしょう。

家を買うとき、引っ越しをするとき、子育ての方針について……。

親がいろいろと口を出してくるのは、わが子のためだからこそかもしれません。

とはいえ、**もっとも優先するべきは「パートナーとの生活」**です。

一番の軸に、「お互いの意見を何より尊重すること」を、ぜひ持ってきてください。

互いの親への思いを どの程度話していますか？

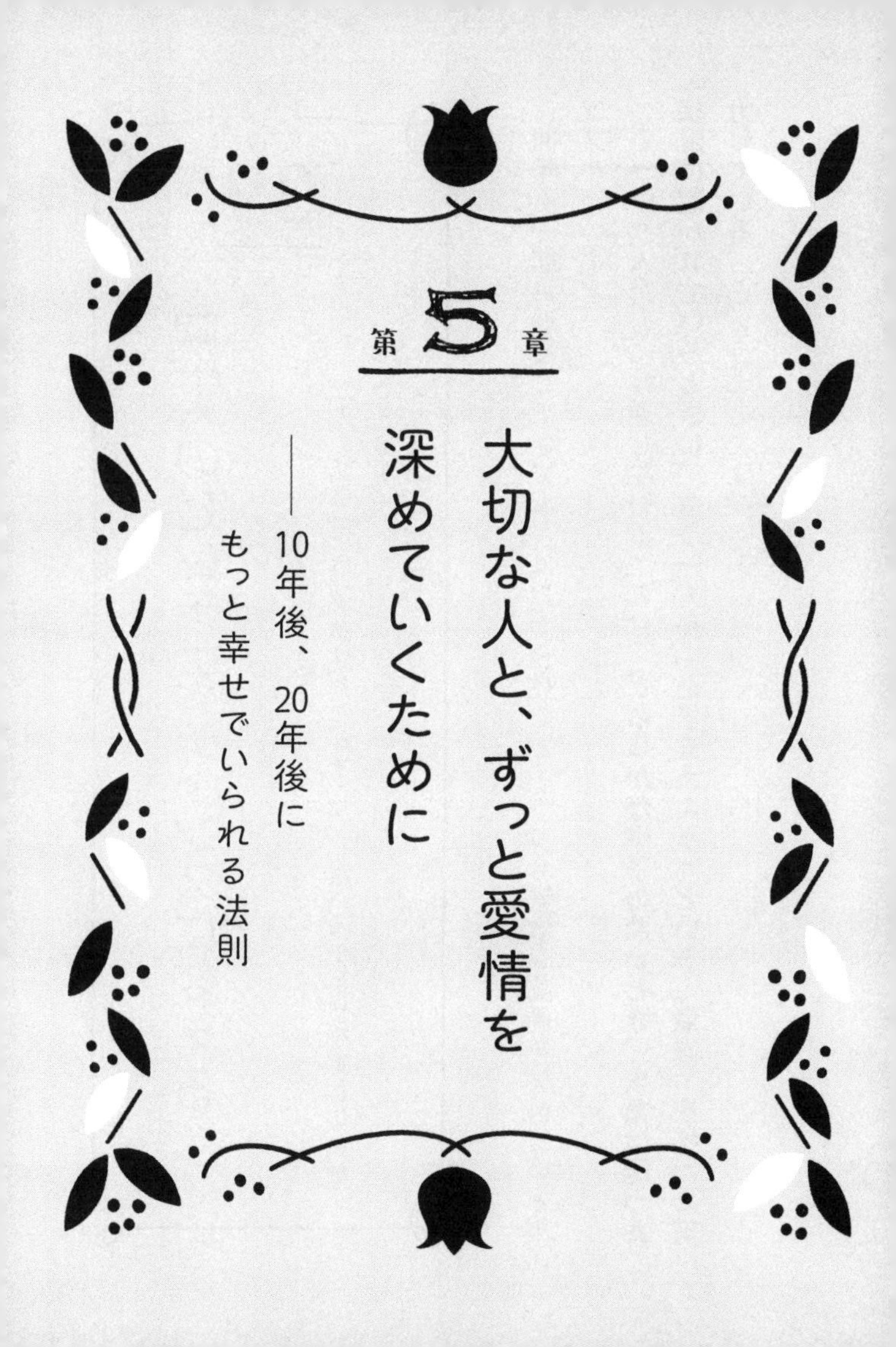

第5章

大切な人と、ずっと愛情を深めていくために

――10年後、20年後にもっと幸せでいられる法則

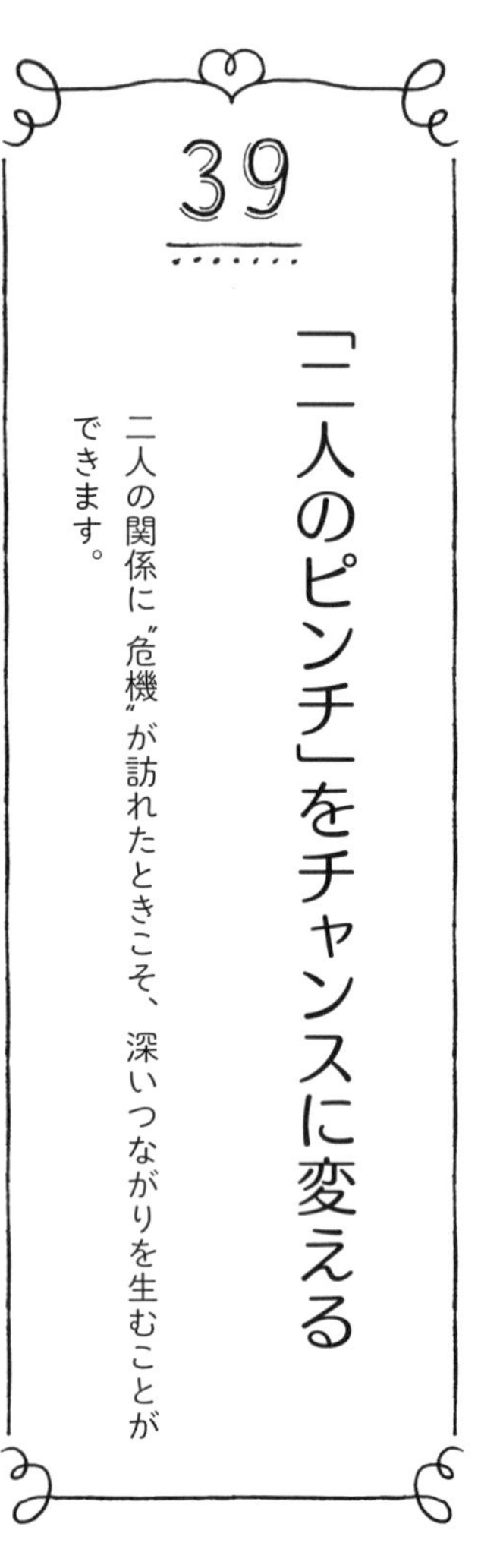

39

「二人のピンチ」をチャンスに変える

二人の関係に〝危機〟が訪れたときこそ、深いつながりを生むことができます。

何年も一緒に過ごしていても、はたから見るといつでも素敵な関係を築いているカップルがいます。

そういう人たちに共通していることは、**どちらかが調子の悪いとき、または困った状況に置かれているときに、もう一方が「必ず支えよう」という〝意志〟を持って努力している**、ということです。

あるカップルは、いつも男性のほうが仕事で忙しく、女性が一生懸命サポートをしている、という二人でした。ですが、女性が体調をひどく崩してしまい、遠くの実家にひとりで戻り、静養することに。

いつもは男性が仕事で手いっぱいになって女性がサポートする、という関係だったのですが、そのときばかりは、男性はどれほど仕事が忙しくても毎週末、新幹線で女性の実家まで通い、なんとかその心を支え続けたそうです。

また、あるカップルは女性のほうが仕事で夜遅くまで残業し、男性のほうが早く家に帰り、家の中のことを引き受けていたそうです。そんな男性が「癒やしの存在だった」と女性は言います。

ところが、男性の仕事が忙しくなり、これまでの二人のバランスが崩れたとき、困ったことになりました。

今までは男性のサポートがあるのが当たり前、自分から相手のサポートをしたことがなかった女性が、相変わらず仕事中心で家事を分担しようとしないことに対して男性が不満を抱き、「僕はスーパーマンじゃない。このままじゃやっていけない」と言われてしまったのです。

カウンセリングに訪れた彼女は、「そう言われてもどうしていいかわからない。何をすればいいのかわからない」とくり返していました。

そこで、相談を受けた私はこう言いました。

「どうしたらいいのかわからないと、とまどうのはよくわかります。あなたも彼も仕事が忙しくて、家の中のことをやるのは、以前よりもいっそう大変になっているんでしょう。『癒やしの存在』だった彼から、『僕はスーパーマンじゃない』と言われたのもショックだったでしょう。

でも、彼は『これまでのような二人の関係ではやっていけない。今までとは違った新しい関係が必要になっているような気がする』と訴えているような気がします。

あなたも彼もとても困っているし、二人の関係を何とかしたいと思っているように感じます」

すると彼女はこう言いました。

「そうですね！　確かに、彼はいつでも私のために、いろいろなことを提案してくれたり、考えてくれたり……。今度は私が彼のために、私たち二人のために何ができるか、考えてみます」

こんなふうに、いざというときはカップルのどちらかが、あるいは両方が、「このままではいけない。何とかしなくては」と、二人の関係に対する危機感と意志を持って努力する。

大変なときこそ、二人の関係にエネルギーを注ぐことができれば、問題を乗り越える術は見つかるでしょう。

「このままではいけない」と思ったときが、新たな知恵を生み出すチャンス！

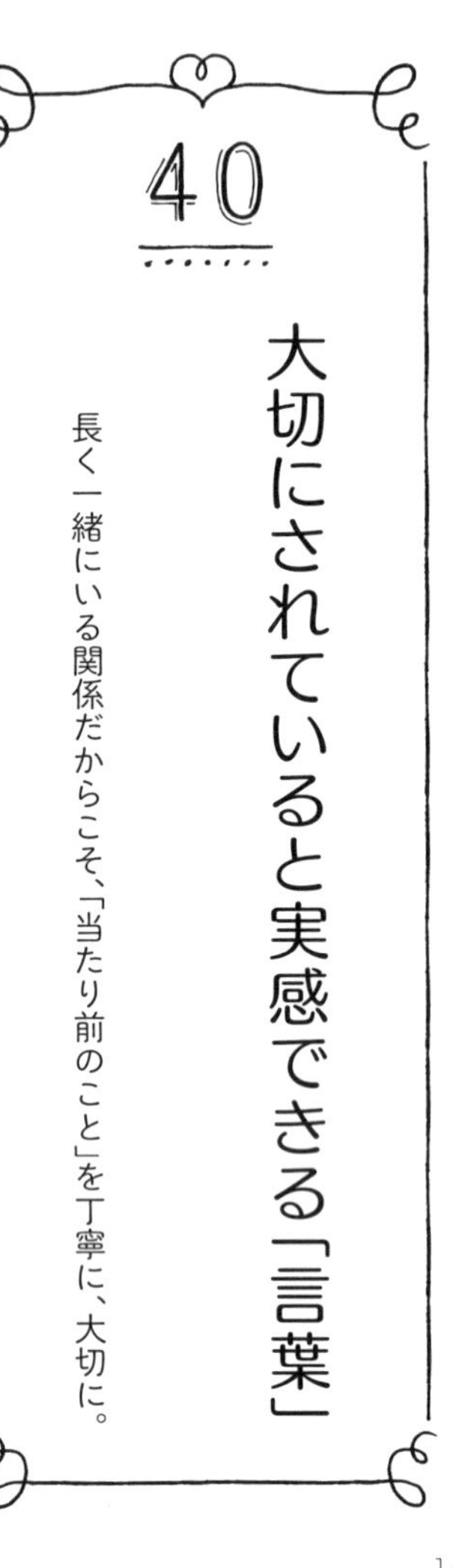

40

大切にされていると実感できる「言葉」

長く一緒にいる関係だからこそ、「当たり前のこと」を丁寧に、大切に。

愛ある二人の関係を続けるために、もっとも大切なのが「ありがとう」「ごめんなさい」の言葉かけです。

この二つは、幼い子どもでもかなり早くから言えるようになる言葉です。

ところが、大人になると、ましてや夫婦の間では、いつの間にか「ありがとう」と「ごめんなさい」が素直に言えなくなっていくようです。

日々の生活の中で、パートナーに支えられ、助けられることはたくさんあります。

そんなとき、**たとえささいなことに対してであっても、すかさず「ありがとう」と言うこと。**それは相手の思いや行為を快く受け止めていること、相手との関係を大切に思っていることを伝えることになります。

「ありがとう」と言われて、イヤな人は誰もいないでしょう。

「そんなこと言わなくてもわかるだろう」とか、「他人行儀にいちいち感謝するなんて……」などと思って口に出さなければ、感謝の気持ちは相手に伝わりませんし、だんだん思いやりのキャッチボールがなくなり、愛情を伝えるチャンスを失っているかもしれません。

「ありがとう」を素直に言える人は、パートナーとの関係だけでなく、さまざまな人との関係でもうまくいくでしょう。

「ありがとう」という感謝の言葉と同じくらい大切なのが、「ごめんなさい」という謝罪の言葉。なぜなら、これは人間にしかできない表現だからです。

日々のかかわりの中では、「ごめんなさい」と謝ることしかできない場面があります。迷惑をかけてしまったり、いつの間にか気づかずに相手の気持ちを傷つけてしまったとき。

取り返しのつかないことをしてしまったら、唯一できることは、心から「ごめんなさい」と謝ること。これも、あなたが相手のことを大切に思っていることを伝える言葉です。

反対の立場に立って考えてみると、謝ったとしても相手から「ノー」と言われることもあります。

相手が謝罪を素直に受け入れてくれなかったり、理解してくれなかったりして「ノー」を突きつけられたときに、では自分はどうするか。

そんなときは心を閉ざしてしまうのではなく、もうひと言が必要です。

たとえばケンカが長引いて、相手も折れるタイミングを失ってしまったようなときは、「心から反省して謝っているので、さらに責められるとつらい」「謝っているので、受け入れてもらえないとこれ以上はどうしようもなくて困る」ということを伝えてみましょう。一歩踏み込むことでようやく仲直りのきっかけをつかめるかもしれません。

そうすると、**お互いに相手から謝罪をされたときは、怒ったりすねたりするのではなく、「受け入れる」ということもできるようになる**でしょう。

パートナーとの関係は、持ちつ持たれつ。たった一度傷つけたから、傷つけられたから……という理由で、関係が終わってしまうのは寂しいですよね。

「ごめんなさい」というひと言で、やり直せたり、許し合える関係というのは、お互いのありのままを認め合える親密な関係なのです。

「ありがとう」も「ごめんなさい」も、言い慣れていない人は、照れくさかったり恥ずかしかったりして、はじめは抵抗を感じるかもしれません。

でも、二人の関係をスムーズにしてくれる潤滑油のような働きをしてくれる、なくてはならない言葉なのです。

「ありがとう」と「ごめんなさい」は愛情を一番伝える言葉

41

「つい、意地を張ってしまった…」というときは

「自分から謝ればいいことはわかっているのに、どうしてもできない」というときは、誰にでもあります。

パートナーを大切に思っているのに、いつも仲よくしていたいのに、なぜかつい「意地」を張ってしまう。

そんなことはありませんか？

「ケンカをしたとき、たとえ自分のほうが悪いとわかっていても、謝れないときがある」

「ほかの人の前ではそんなことはないのに、パートナーに対してはなぜか素直に感謝できなくて、何も言わないですませてしまう」

そうしたことは恋人同士のあいだでも、結婚した夫婦であっても、しばしば起こるようです。

このように、**素直に感謝や謝罪の言葉が言えないときというのは、「言わなくてもわかるはずだ」という思いや、「相手に負けるようでイヤだ」という抵抗感がある**のかもしれません。

しかし、それでは、パートナーとより親密になる機会を失っています。

カップルにかぎらず、人間関係でトラブルが起きるときは、たいていみんな自分の話を先に受け入れてほしくて衝突が起こっているといえます。親子でも、友人でも、会社の人とのやりとりであってもそうです。

その結果、「どちらもお互いのことを受け入れることができない」という皮肉な事態になることも。

「どうしても、素直に謝りたくない！」という気持ちのときは、まずはその場を離れること。そして、「ああ、私は今自分のことに必死だから、謝ることができないんだ」と客観的に自分を見ることです。

冷静さを取り戻すと、意地を張っていることがバカらしく思えて、「ごめんなさい」「ありがとう」の言葉は、すんなりと出てくるものでしょう。

冷静に謝れないときは、
少し離れて自分を見つめ直す

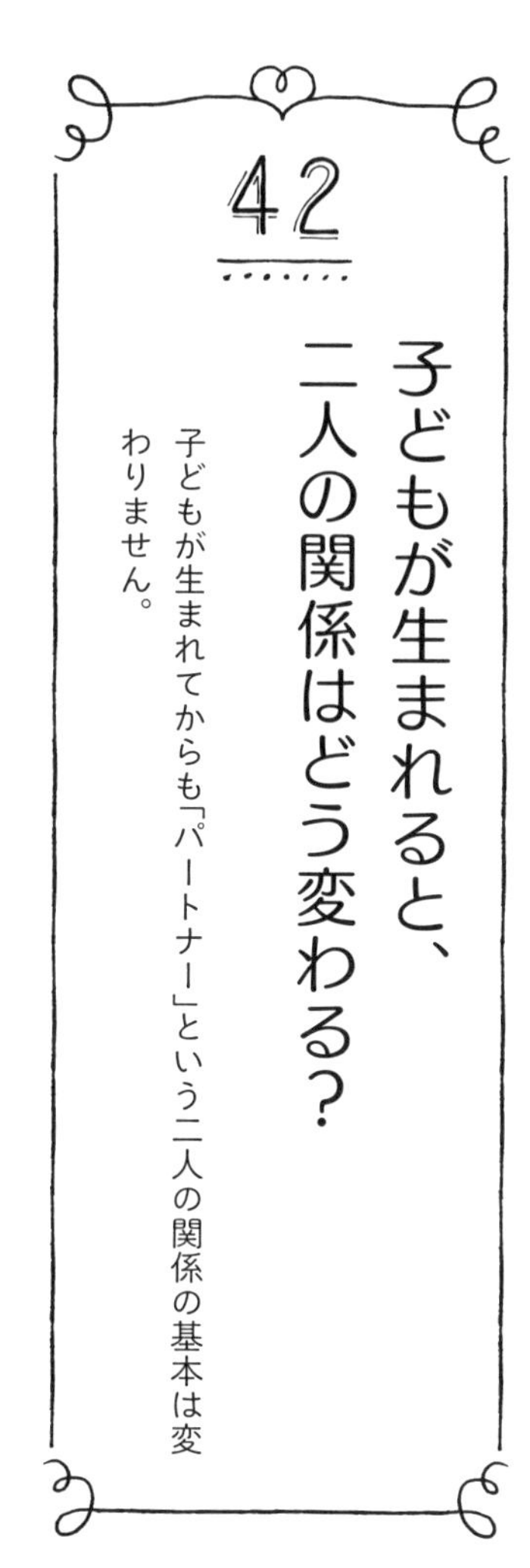

42 子どもが生まれると、二人の関係はどう変わる？

子どもが生まれてからも「パートナー」という二人の関係の基本は変わりません。

子どもが生まれてからのカップルでは、二人の関係が「父親」と「母親」だけになってしまうことを惜しむ声がよく聞かれます。

「自分が女性としていられないことが寂しい」

「もう一生、このまま〝お父さん〟〝お母さん〟の関係でしかいられないのかと思うと、無性に別の人から自分を認められたくなります」

“同志”としての絆が夫婦の連帯感を強くする

そういう悩みを抱える人が現われることも、不思議ではありません。

ですが一方で、**親としての協力関係がしっかりできていると、夫と妻としての関係が強まるともいえる**のです。

「妻は、子どもの母親としてちゃんとやっている」

「夫は、子どもの父親として本当に尊敬できるしありがたい」

とお互いを見られると、父親と母親だけの関係になるというよりも、夫と妻であると同時に親であることの自覚や連帯感が生まれ、夫婦仲もよくなるのです。

ところが、夫のほうがあまり育児に協力しない、妻は子どものことをそっちのけで趣味に没頭している……など、互いに「親」としての役割に協力・参加できなくなると、「夫と妻」という関係のバランスにもひびが入ることに。

子どもが生まれてからの二人の関係に悩むときは、まずお互いに「父親」「母親」として認め合えるように子育てに奮闘すること。

そうして、「私たち、よくやっているよね」という、ある意味では〝同志〟としての絆を深めることです。

その感謝と尊敬の言葉を、ぜひお互いにかけ合えるようになってください。

「お互いよき父親・よき母親である」と認め合えたら、夫婦としての関係も深まる

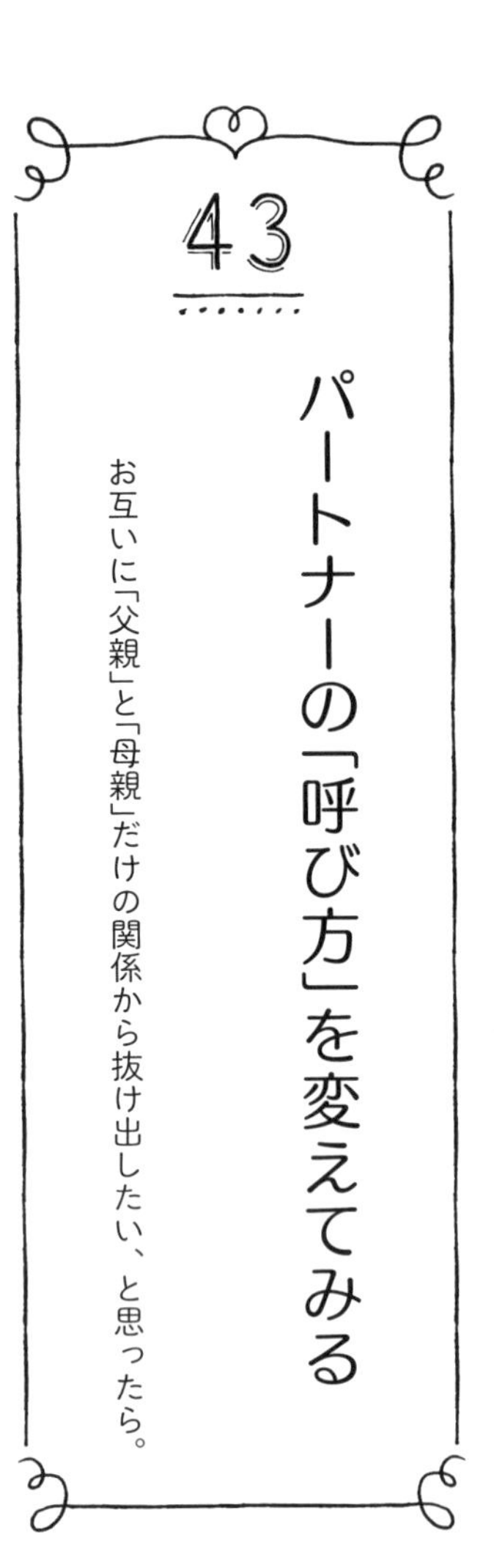

43

パートナーの「呼び方」を変えてみる

お互いに「父親」と「母親」だけの関係から抜け出したい、と思ったら。

二人の関係を変えるのに、日々積み重ねられる「習慣」や「口グセ」は、思っているよりも大きな影響を与えます。

そんな習慣のひとつに**「呼び名」**があります。

恋人同士ならば名前や愛称で呼び合うことが多いでしょう。

ですが夫婦となり、さらに子どもも生まれると、「お父さん」「お母さん」や「パパ」「ママ」と呼び合うようになることが多いようです。

これも悪いことではありませんが、いつもそう呼び合っていると〝カップル〟としての関係を変えてしまうこともあります。

一人の人間同士として向き合っていたはずが、〝父親〟〝母親〟という役割に縛られてしまうのです。

それが、お互いへの理解をさらに妨げる原因になることもあります。

また、子どもが育ってしまったあと、〝父親〟と〝母親〟としてやってきただけの二人では、「夫婦としての会話がなくなってしまった」ということにもなりえます。

長い間、お互いを「お父さん」「お母さん」というふうに呼び合ってきたカップルには少し照れることかもしれませんが、**呼び名をもう一度考えることもひとつの方法。**

そこからもう一度、二人の新鮮な関係が始まることもあるでしょう。

これから結婚してともに家庭を築いていこうと考えているカップルであれば、「子どもが生まれても、お互いの名前を呼び合うこと」など、二人の関係を尊重し合える習慣を事前に決めておくのもよいでしょう。

その呼び名をはじめとして、**「これを守っていると、心が通じ合っていると感じられる」といった習慣**があると、ふとしたときに互いの心の結びつきを確認することができます。それは、どんな形であってもいいのです。

たとえば、誕生日などの記念日を大事にするカップルもあれば、週に一度は家族一緒に夕食を食べることを大切にする家族もあるでしょう。

または、月に一度は二人だけで出かけることが円満の秘訣、というカップルもいるかもしれません。

今までそうした習慣を持っていなかったら、何か自分たちなりの「円満の習慣」をつくることで、新たな関係を築くきっかけを得られるかもしれません。

子どもを基準にした呼び方から、カップルとしての呼び方も取り戻しましょう

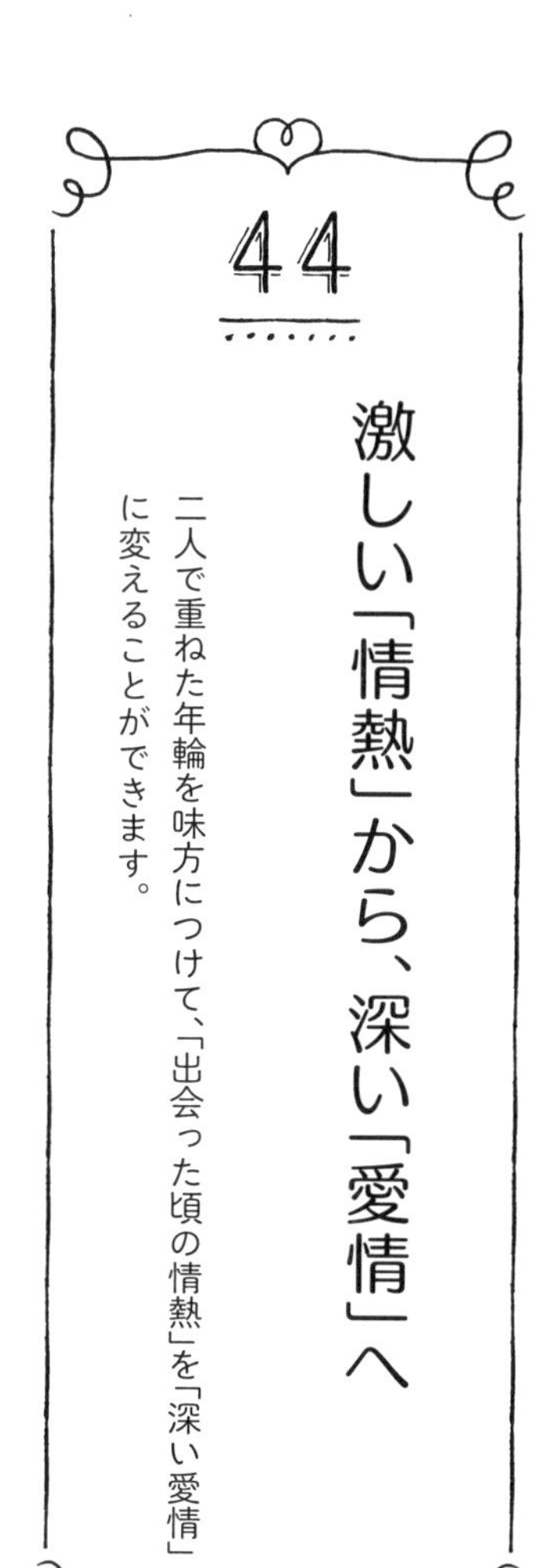

44

激しい「情熱」から、深い「愛情」へ

二人で重ねた年輪を味方につけて、「出会った頃の情熱」を「深い愛情」に変えることができます。

あなたは「愛し合う幸せなカップル」「仲のいい夫婦」という言葉に、どんなイメージを持ちますか？

俳優のように素敵な夫が、何歳になっても情熱を絶やさずに愛してくれて、ロマンチックな言葉とともに花束をプレゼントしてくれて……？

確かにアメリカ人にはそんな夫が多いようです。

彼らは「いつも、そんなふうに愛情を表現していなければダメなのだ」と言いますが、それなのに離婚率が50％程度というのも、また事実です。

これは、**「情熱」と「愛情」はイコールではない**ということを示しているよい例だと思います。


「情熱」とは一瞬にして燃え上がり、その最中には相手がすべてよく見えますし、相手と一緒にいるだけで幸せを感じられます。

ですが、こういった情熱は絶えず燃やし続けることは至難の業です。それを惜しむ気持ち、寂しく思う気持ちは誰もが抱いたことがあるでしょう。

「情熱」を快適で心が安まる関係にするには、次に「愛情」の時代を育むことが必要です。


愛情とは「好き」や「素敵」だけではなく、相手のマイナス面や自分とは合わない面も含めたうえで抱く感情です。

以前、テレビ番組で、北海道に日本一の給食をつくるすばらしい管理栄養士さんがいることを知りました。

この方は子どもが嫌いな食材も給食に出します。それをいかにして食べてもらえるかさまざまな工夫をするわけですが、それを「愛情を込めて、嫌いなものも出す」とおっしゃっていました。

愛情とは単に「好き」なだけではなく、本当に相手のためを思うこと。**場合によっては、相手とちゃんとぶつかるのも愛情**なのです。

恋愛が始まってから数年たった頃の「情熱」から「愛情」に移行する時期。

小さなケンカや意見の対立が増えてきたら、情熱が冷めてしまったとがっかりするのではなく、「愛情を深めるための第一歩」と考えて、「観察」「想像する」「聴く」「伝える」をくり返すこと。

その小さな積み重ねが、二人の間に強い絆を生みます。

相手のイヤなところが見えてきてから「愛情」は育ち始める

45

「一緒に乗り越えてきたこと」は何ですか？

二人には、二人にしかわからない歴史があるはず。
ときにはそれを確認することも大切です。

長い時間を一緒に過ごしてきたカップルは、ぜひ節目節目で、**二人が歩んできた道のりを確認する作業をしてください。**

それは結婚記念日や互いの誕生日、クリスマス、子どもの入学式や卒業式など、いつでもいいのです。何かをきっかけにして、「二人の歴史」を振り返るのです。

「あのときは、こういうことがあったね」と話し合うことは、おそらく単に過去を振り返っているだけでなく、**二人だけが共有できる〝何か〟を呼び起こし、前に進むと**

いうことにつながります。

以前、「○○でパートナーに愛を叫ぶ」といったイベントを見たことがあります。広々とした丘の上や草原などで、夫や妻に、日頃言えない思いを叫んで伝えるというものでした。

そのとき、60代の男性は、妻に向かってこう叫んでいました。

「昔、イタリアに旅行に行ったとき一緒に見た夕日がとてもきれいだったね」と思い出の場面を語り、「愛しているよ」ともう一度プロポーズしたのです。

奥さんは感動して泣いていました。確かに、それほどこまやかに自分が感動したこと、そのときの情景を語れる男性は、「ともに歩んできたことに意味があった」と女性に感じさせてくれるでしょう。

そこまですることはできなくても、たとえば昔のアルバムを見ながら、どんなことがあったか、何を一緒に乗り越えてきたのかを思い出してください。

恋人時代は記念日や思い出を大切にし、頻繁に行なっていたことであっても、結婚生活が長くなると、なかなかできていないことが多いものです。

結婚生活とは「長く続ければいい」というものではありませんし、なんの努力もなく続くほど、たやすいものでもありません。そんな関係をきちんと続けてきた〝プロセス〟はどんなカップルにもあるのではないでしょうか。

そのすばらしさを味わい、自分たちの間に育った「愛情」をぜひ確認してください。

ときに「二人で歩んできた道のり」を確認し、絆を確かめ合うこと

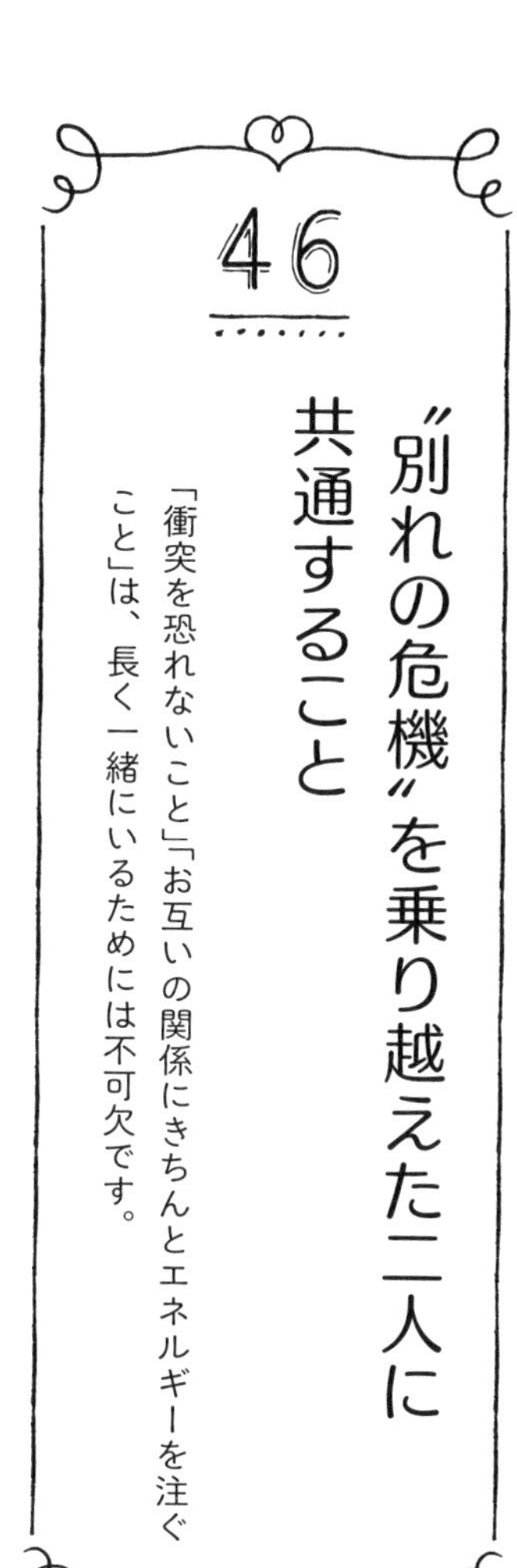

46

〝別れの危機〟を乗り越えた二人に共通すること

「衝突を恐れないこと」「お互いの関係にきちんとエネルギーを注ぐこと」は、長く一緒にいるためには不可欠です。

まったく異なる家庭で育った他人同士が結婚し、一緒に力を合わせて暮らしていく。その間には、さまざまな問題が起こるでしょう。

「朝ごはんはパンかご飯か」といった小さなことから、「仕事、子育てに関する考え方」まで、幅広い範囲です。

一緒に生きていくということは、そんな大小の違いを、二人でどうやって解決するかを考え続けていくことです。

そんな中で、相手との価値観の違いが明らかになることもあります。

「これは許せない」「これは受け入れられない」と思うようなことが起こることもあるものです。

そうなったときには、もしかしたら別れるしかないこともあるかもしれません。

「二人でいるよりも別々に暮らしたほうが、お互いにより幸せだ」という結論が出ることも確かにありえます。

ただ、本当は**もっと話し合ったり、理解し合う努力をすればどうにかなるのに、「もうダメだ」と決めつけて離れてしまうカップルも少なくはありません。**

実際、問題を乗り越えて二人の生活を続けているカップルが、

「初めて真剣に話し合って、やっと本当の夫婦になれた気がする」

「問題を乗り越えたことで、いっそう夫婦としての絆が強くなった気がする」

などと振り返って語ることがあります。

では、その鍵となったのは、たとえばどのようなことでしょうか。

そのひとつはきっと、**「自分が思っていることをきちんと言って、それが相手に通**

じた」という体験なのだと思います。

あるカップルはこんなふうに話してくれました。

女性は、長年つき合っていたパートナーの男性の浮気に気づきました。

知らない顔をして見逃すこともできましたが、どうしても許すことができないと思い、その事実を知ってしまったことと、それに対してどのような気持ちになったかを面と向かって伝えました。

男性はほんの出来心だったと謝りましたが、そのとき彼女はきっぱり相手にこう言いました。

「あなたはほんの出来心だったのかもしれないけれど、私は死にたくなるほど毎日つらいし苦しいし悲しい。私がどれほど傷ついているのか、あなたが本当にわかってくれたと実感できなければ、私はもうあなたと一緒に生きていくことはできない」

相手が自分のつらさを心からわかってくれないのであれば、別れるしかないという覚悟で、「それほど自分にとっては深刻なことである」ということを、正面から相手に訴えたのです。

　このカップルには、大きな価値観の違いがあったのでしょう。男性のほうは軽い気持ちで〝本気ではなかったのだから〟と考えており、一方、女性のほうは深刻なことと受け止めていたのです。

　そこで女性はきちんと相手に向き合ったわけです。二人のこれからの関係を真剣に考えようという気持ちで、自分に向き合い、相手に向き合いました。

　それを見た男性も「これは重大な問題だ」と思い直し、自分がしたことを深く反省し、彼女をどれほど傷つけてしまったかを少しずつ理解できるようになり、1年後に彼女はやっと二人の関係をこれからも続けていこうと決心することができました。


　このように、感情が乱されるような出来事と向き合うことは、自分も相手も傷つくことになるかもしれず、確かにエネルギーのいることです。

けれど、問題をきちんと受け止めず、自分から発せず、あるいは早々に相手に見切りをつけてしまうと、そのまま別れを選ぶしかなくなってしまいます。

もしくは別れにまでは至らなくとも、問題を解決しないまま惰性で続く関係に。それでは決して「一緒にいることで心が安らぐパートナー」とは言えなくなってしまうでしょう。

先ほどの女性は、浮気に気づいたときに、逆上し「キレて」男性を責め続けるだけでなく、あるいは泣き寝入りをしてあきらめることなく、覚悟して向き合うことから、突破口は見つかったのです。

そんなふうに、「本当にこのままでいいのだろうか」と思うような危機的状況があれば、目を背けず相手に伝えていきましょう。

「このままではいけない」と思ったことは、向き合ってじっくり話し合う

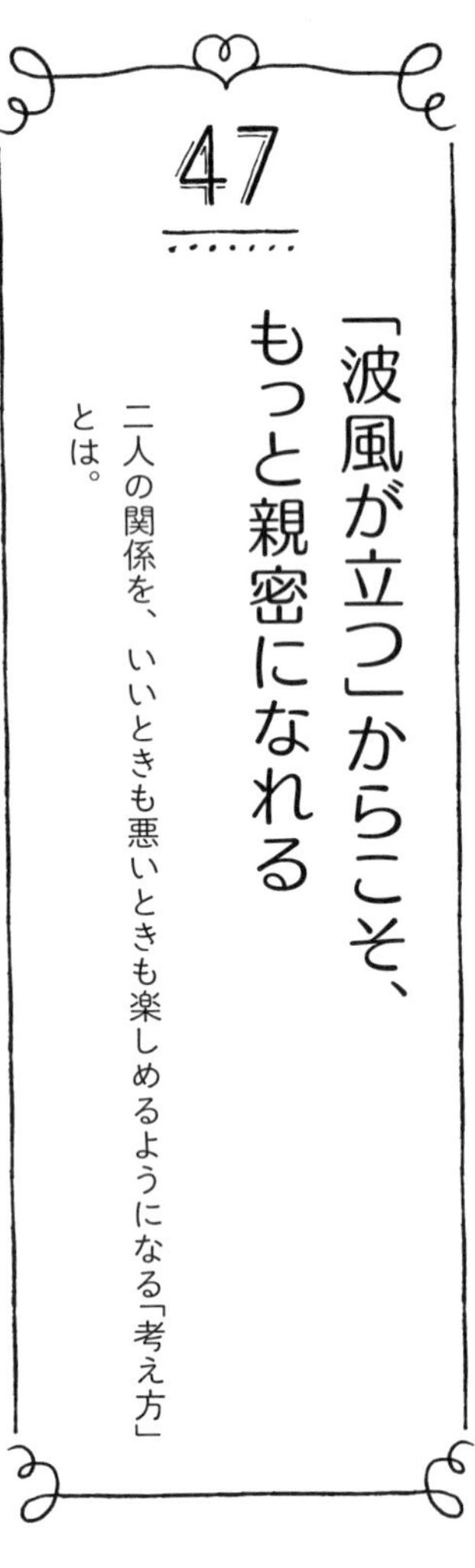

47

「波風が立つ」からこそ、もっと親密になれる

二人の関係を、いいときも悪いときも楽しめるようになる「考え方」とは。

さまざまな新聞や週刊誌で取り上げられる、離婚の理由の第一位となっている「性格の不一致」。

それを聞くたびにカウンセラーとしては、**「そもそも性格なんて〝一致〟することは滅多にないのに」**と思います。

ここまでくり返してきましたが、他者との「一心同体」や「一体感」は、子どもが成長するプロセスでは必要なものですが、大人になってからは「自立」していることのほうが、生きていくためには大切です。

二人で生活している中で、たまに「一致した」と思えるときがあれば十分です。

それが1年に1回なのか、5年に1回なのかはカップルによりますが、ときどきでも確認できれば、「この人と一緒にいてよかった」と思えます。


そんな瞬間は、やはり「平和なとき」よりも、「人生の谷間」にやってくることが多いようです。

病気、親しい人の死、あるいは子どもの問題……など、長い人生には、さまざまな「谷」がやってくることでしょう。

そんなときを二人で経験し立ち向かってこそ、カップルの親密さが増すことになります。そもそも親密だったから乗り越えられたということもありますが、乗り越えたからこそ、より絆が深まることは確実にあります。


結婚式の誓いでは、「病めるときも、健やかなるときも……」という文言がありますが、できれば誰もが「病めるとき」なんてこなければいい、と思うもの。

「結婚してから、相手が病気になってしまったらどうしよう」

「浮気されたらどうしよう」

「景気が悪くなってお給料が下がってしまったら……」

そんなことを考え出すと不安でたまらなくなりそうですが、波風の立たない平和すぎる結婚生活の中では、実は「夫婦の絆」はあまり強くならないのかもしれません。

「ピンチは、二人がもっと親密になるチャンス」

と考え方を変えてみると、うれしいことだけでなくつらいことも、なんとか乗り越えたいと思えるのではないでしょうか。

困難がやってくるからこそ、二人の絆は深まる

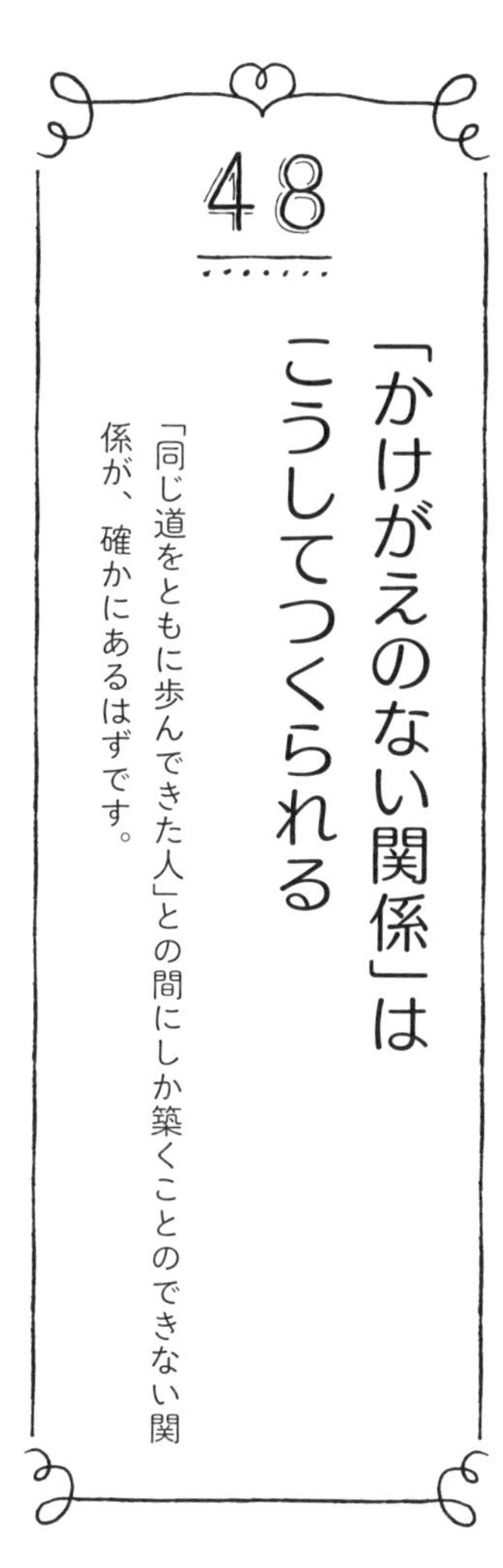

48

「かけがえのない関係」はこうしてつくられる

「同じ道をともに歩んできた人」との間にしか築くことのできない関係が、確かにあるはずです。

さて、これまでパートナーの理想の関係について、あるいは現実について、いろいろなことをお話ししてきました。ときに厳しい話もあったかもしれません。

それでも、人はなぜ誰かと一緒に生きていこうとするのでしょうか。

それはやはり、二人の人間が一緒に生きていくことは大変でも、それ以上に、すばらしさがあるからです。言葉を換えてみると、**ひとりでは得がたい、人生のすばらしい体験ができる**から、といえるかもしれません。

たとえば〝くされ縁〟という言葉がありますね。

これは離れようとしても離れられない関係のこと。

一般的にはよくないイメージがあるかもしれませんが、そもそも「くされ」は「腐る」ではなく「鎖」を語源とする言葉で、鎖のように切れない縁を意味するともいわれます。

結婚生活や、長くつき合ったパートナーのことも、そのように呼ぶことがあります。

それはある意味では正しいのですが、同時に、**恋愛も結婚も離れようと思えばいつでも別れられる、強制力のないもの**でもあります。

私たちはついそのことを忘れてしまいがちです。


そもそも結婚というものを、人は無意識に「特別なもの」と思いがちです。

親子とも、友達とも、恋人同士とも違う、何か特別な関係が生まれる。そうした漠然としたイメージや期待があるのではないでしょうか。

でも実際には、結婚したとたんに「ひと晩にして夢がかなう」ような素敵なことが起こるわけではありません。

ときにはケンカをしたり、もしかしたら別れの危機もあったりしながら、それでも続けていく中に、「かけがえのない」という関係が生まれてきます。

その特別な関係を二人でつくっていくプロセスが、結婚です。

二人で添い遂げるその最後に、「この人と結婚して、まあ幸せだったな」と思うものなのでしょう。そう思うために、日々を積み重ねているのです。

その積み重ねを続けていけるのは、〝運〟もあるかもしれないし、さまざまなものの影響を受けることもあるでしょう。でも、**基本にあるのは、二人の「関係を続けるための小さな努力」**ではないでしょうか。

長く続くパートナーとの幸せな関係というのは、決して特別な人だけが得られるものではありません。**そのための一歩を、誰もが今日から踏み出すことができる**のです。

「特別な関係」は、一日一日の積み重ねからつくられていくもの

アサーションは、

自分も相手も大切にする自己表現です。

どうぞあなたも、あなたが大切にしたい人と、

さまざまな気持ちや考えを分かち合い、

互いのことをわかり合い、

絆を深め、より豊かな人生を

歩んでいただけますように。

本書がその一助となれば幸いです。

本書は、小社より刊行した『大切な人ともっとうまくいく「気持ちの伝え方」』を改題の上、加筆・改筆したものです。

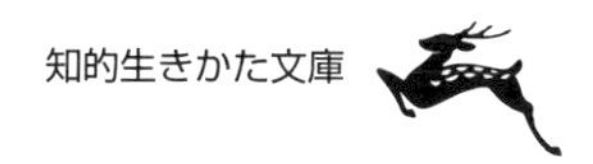

大切な人とうまくいく「アサーション」

著　者　平木典子（ひらき・のりこ）
　　　　野末武義（のずえ・たけよし）
発行者　押鐘太陽
発行所　株式会社三笠書房
　　　　〒102-0072　東京都千代田区飯田橋3-3-1
　　　　https://www.mikasashobo.co.jp
印　刷　誠宏印刷
製　本　若林製本工場

ISBN978-4-8379-8911-0 C0130

本書へのご意見やご感想、お問い合わせは、QRコード、
または下記URLより弊社公式ウェブサイトまでお寄せください。
https://www.mikasashobo.co.jp/c/inquiry/index.html

知的生きかた文庫
わたしの時間
シリーズ

50代、もう一度「ひとり時間」

中道あん

＊「おひとり様」を楽しんで自分らしい人生をつかむヒント

家族、お金、自身の体調の変化など、まだまだ悩みの多い50代。「ひとり時間」を有意義に過ごし、この先の人生を自己プロデュースする方法を教えます！

人生が思い通りになる「シンプル生活」

ワタナベ薫

＊大切なものだけに時間を使い、人生をコントロールする方法！

「自分が一番大切なもの」を明確にして、シンプルに生きると、いらないものを手放したスペースに〝運やチャンス〟が訪れる——生き方にもう迷わなくなる本！

ベスト・パートナーになるために

J・グレイ
大島 渚 訳

＊この本はすべての男と女に捧げる〝愛のエール〟です！

「男は火星から、女は金星からやってきた」のキャッチフレーズで世界的ベストセラーになったグレイ博士の本。愛にはこの〝賢さ〟が必要です。

C30148